निराला के काव्य का राजनीतिक संदर्भ

वाणी प्रकाशन
नयी दिल्ली-110002

निराला के काव्य का राजनीतिक संदर्भ

डॉ. संध्या सिंह

ISBN : 978-81-7055-735-7

वाणी प्रकाशन
21-ए, दरियागंज, नयी दिल्ली-110002
द्वारा प्रकाशित

मूल्य : 150.00 रुपये

प्रथम संस्करण : 2001

शुभम ऑफसेट, दिल्ली-110032
द्वारा मुद्रित

NIRALA KE KAVYA KA
RAJNEITIK SANDHARBH
by Dr. Sandhya Singh

अनुक्रम

प्रस्तावना		7
प्रथम अध्याय	: साहित्य और राजनीति	13
द्वितीय अध्याय	: राजनीतिक परिवेश और निराला	27
तृतीय अध्याय	: मुक्ति का आह्वान	64
चतुर्थ अध्याय	: निराला की कविता में किसान, मजदूर और राजनीतिक व्यंग्य	96
पंचम अध्याय	: काव्यगत राजनीतिक संदर्भों की भाषा	120
षष्ठ अध्याय	: समापन	137
ग्रन्थ-सूची		142

प्रस्तावना

निराला को सामान्यतः 'क्रान्तिकारी' कवि कहा जाता है। विभिन्न पुस्तकों में स्फुट ढंग से उनकी क्रान्तिकारिता के विभिन्न पक्षों पर प्रकाश भी डाला गया है, लेकिन उनकी क्रान्तिकारिता के सामाजिक, सांस्कृतिक और राजनीतिक स्रोतों को ढूँढ़ने का प्रयास नहीं हुआ है। उनके व्यक्तित्व में क्रान्तिकारिता का अर्थ एक विशिष्ट इतिहास या युगबोध के कारण आ पाया है। किन्तु इतिहास बोध को रचना के धरातल पर रूपान्तरित करना एक अत्यन्त प्रतिभासम्पन्न कवि का ही काम हो सकता है। कविता में राजनीतिक विषयों पर बहुत से कवियों ने लिखा है, लेकिन राजनीतिक विषय को संस्कृति से सम्पृक्त करते हुए कविता में सर्जनात्मक स्तर पर रूपान्तरित करना एक कठिन प्रक्रिया है। इस प्रक्रिया को परिचालित करने में तत्कालीन राजनीतिक सन्दर्भों का विशेष योग होता है। इस राजनीतिक सन्दर्भ में तीव्र गति से बदलते हुए परिवेश को भी शामिल करना होगा। इन राजनीतिक सन्दर्भों से निराला के काव्य का एक विशिष्ट रिश्ता बनता है। इस रिश्ते की खोज, उसकी मूलवर्ती संवेदना और संरचना की तलाश ही इस पुस्तक का मुख्य विश्लेष्य है।

साहित्य और राजनीति के सम्बन्धों को लेकर विद्वानों में मतैक्य नहीं है। कुछ लोगों ने साहित्य के लिए राजनीति को अछूत मान लिया है। यदि उनकी चलती तो वे साहित्य–मन्दिर के मुख्य द्वार के शिलापट्ट पर खुदवा देते कि इसमें राजनीति का प्रवेश वर्जित है। लेकिन साहित्य में किसी भी विषय को वर्जित नहीं माना जा सकता। न तो भारतीय आचार्य ही इस वर्जना का समर्थन करते हैं और न पाश्चात्य विचारक। लेकिन इसमें कोई सन्देह नहीं कि राजनीति और कविता का सम्बन्ध पर्याप्त उलझा हुआ और जटिल है। जहाँ कहीं साहित्य को राजनीति के प्रचार और प्रसार का साधन माना गया है वहाँ साहित्य अपनी गरिमा से च्युत हो जाता है। यहीं पर कविता और विचारधारा का भी सवाल उठता है। प्रस्तुत पुस्तक में विचारधारा के वर्गीय चरित्र पर उतना जोर नहीं दिया गया है जितना कविता और विचारधारा की सर्जनात्मकता पर। कवि–मुख्य रूप से छायावादी

कवि–व्यक्ति-स्वातन्त्र्य का प्रबल समर्थक है। इसलिए वह किसी विचारधारा से बँधकर नहीं चल सकता। यों निराला के परवर्ती काव्य पर मार्क्सवादी विचारधारा का स्पष्ट प्रभाव देखा जा सकता है। राजनीति के साथ साहित्य का सम्बन्ध जोड़ने पर विशेषत: कविता का सम्बन्ध जोड़ने पर रूप-तत्त्व और सौन्दर्य-तत्त्व विचारणीय हो जाते हैं। प्रारम्भ में ही इसका समाकलन आवश्यक था।

चूँकि इस पुस्तक का सम्बन्ध निराला की कविता के राजनीतिक सन्दर्भों से है, इसलिए राजनीतिक परिवेश पर अलग से विचार किया गया है। यह राजनीतिक परिवेश अलग से चिपकाया हुआ नहीं है, बल्कि निराला के काव्य से जुड़ा हुआ है। तत्कालीन राष्ट्रीय आन्दोलन के फलस्वरूप कविता में राजनीति का प्रवेश होता है। इसका आगमन छायावादी कविता से पहले ही हो चुका था। महात्मा गाँधी के नेतृत्व में जिस आन्दोलन का सूत्रपात हुआ उसका प्रभाव छायावादी कविता पर पड़ा। किन्तु अँग्रेजी साम्राज्यवाद के विरुद्ध और भी क्रान्तिकारी आन्दोलन चल रहे थे। गाँधीवादी आन्दोलन का प्रभाव निराला की कविता पर बहुत–बहुत कम पड़ा है या कहना चाहें तो यह भी कह सकते हैं कि नहीं पड़ा है। वे क्रान्तिकारी आन्दोलनों से विशेष प्रभावित प्रतीत होते हैं। 'सुधा' में लिखी गई उनकी टिप्पणियों से उनकी विचारधारा का स्वरूप स्पष्ट हो जाता है। इसे स्पष्ट करने के लिए उन टिप्पणियों को सूत्रधार माना गया है।

मुक्ति का आह्वान : निराला मुक्ति के जीवन्त प्रतीक हैं। इस मुक्ति ने उनके जीवन को जिस निर्बन्ध पद्धति पर ढाला है, सम्भवत: वह भी एक कारण है जो उन्हें विक्षेप की ओर ले जाता है। इस आग्रह के मूल में स्वतन्त्रता का आन्दोलन भी है और जीवन की रूढ़ियों तथा कविता की द्विवेदीयुगीन इतिवृत्तात्मकता से मुक्त होने का एहसास भी। मुक्त छंद उनकी मुक्ति कामना का प्रतीक है। 'जागो फिर एक बार', 'बादल राग' आदि में वे ऐसी क्रान्ति का आह्वान करते हैं, जो सामाजिक और राजनीतिक बदलाव की ओर ले जाता है। इन कविताओं में मुक्ति की कामना की जो अभिव्यक्ति की गई है, उस पर भाषिक संरचना तथा तद्गत कथ्य पर एक साथ विचार किया गया है।

जीवनीपरक रचनाओं में भी राजनीतिक, सांस्कृतिक मुक्ति की ओर रचनात्मक ढंग से संकेत किया गया है। मुक्ति की यह चेतना भक्तिपरक रचनाओं में भी दिखाई देती है। कभी-कभी ऐसा भी हुआ है कि वे इसी के तहत जीवन के पार भी देखते हैं। जीवन के उस पार देखने की मनोवृत्ति छायावादी कविता का एक मुख्य स्वर रहा है। इसलिए इससे बचना सम्भव नहीं था।

उनकी कविता में चित्रित किसानों और मजदूरों को अलग से लिया गया है।

किसान और मजदूर शोषित वर्ग के प्राणी हैं। अतः उनका चित्रण करते समय वर्ग चेतना का भी समावेश हो गया है। इस सन्दर्भ में राजनीतिक-सामाजिक व्यंग्य भी विश्लेषित है।

काव्यगत राजनीतिक सन्दर्भों की भाषा अपने ढंग की होती है। सन्दर्भ के अनुरूप कवि अपने शब्दों का चुनाव करता है और उन्हीं के अनुकूल उन्हें विन्यस्त भी करता है। मिथकों को तो कई सन्दर्भों में लिया जाता रहा है और लिया जाता है, लेकिन राजनीति से सन्दर्भित होकर उनका तेवर और उनकी सांकेतिकता बदलकर प्रासंगिक हो उठती है। निराला ने अपनी कविता में बहुत से सम्बोधनों का भी प्रयोग किया है। ये सम्बोधन उनकी क्रान्तिधर्मिता को विशेषरूप से उजागर करते हैं और कबीर की याद दिलाते हैं। उनके बिम्बों और प्रतीकों द्वारा भी उनकी राजनीतिक चेतना पर प्रकाश डालने में सुविधा हुई है। चूँकि भाषा द्वारा–विशेष रूप से कविता में शब्दों द्वारा–कवि की अन्तर्दृष्टि और विचारधारा को पकड़ने में केवल सुविधा ही नहीं होती बल्कि कवि के व्यक्तित्व और कर्तृव्य दोनों को प्रमाणिक ढंग से प्रस्तुत किया जा सकता है। इस दिशा में भी अपेक्षित प्रयास किया गया है।

इस शोध-प्रबन्ध को पूरा करने में तथा मार्ग में आनेवाली कठिनाइयों को दूर करने में इस शोध कार्य के निर्देशक डा. मैनेजर पाण्डेय से जो सहायता और मार्ग निर्देशन प्राप्त हुआ उसके अभाव में यह अध्ययन का अनुष्ठान पूरा नहीं हो सकता था। मैं उनके प्रति अपना हार्दिक आभार व्यक्त करती हूँ। साथ ही समय-समय पर अन्य गुरुजनों से जो बहुमूल्य सुझाव प्राप्त हुए उन सबके प्रति मैं श्रद्धानत हूँ।

इस पुस्तक को यह रूप देने में गुरुवर डा. मैनेजर ने जो सहायता की है उसके लिए 'आभार' शब्द हल्का मालूम पड़ता है।

संध्या सिंह

निराला के काव्य का राजनीतिक संदर्भ

प्रथम अध्याय

साहित्य और राजनीति

आज जीवन का कोई भी क्षेत्र राजनीति से अछूता नहीं है। इतिहास, अर्थशास्त्र, विज्ञान, टेक्नालॉजी, काव्य, कला आदि में वह इस तरह घुस गया है कि उसकी उपेक्षा नहीं की जा सकती। पर काव्य में इसके आने से किसी को आपत्ति नहीं है। काव्य या साहित्य में सभी विचारों, धारणाओं, भावों आदि का समावेश होता है। शुद्ध कविता का अस्तित्व सम्भव नहीं है, कम-से-कम आज के युग में। किन्तु जब 'राजनीतिक कविता' की चर्चा होती है तो पक्ष-विपक्ष में तर्क प्रस्तुत किए जाने लगते हैं। कोई कह सकता है कि जब 'राजनीतिक कविता' हो सकती है तो 'गैर-राजनीतिक' कविता भी हो सकती है। ऐसी स्थिति में राजनीति और कविता के सम्बन्धों का विवेचन ही औचित्यपूर्ण है।

राजनीति-कविता का सम्बन्ध

यह सच है कि जब दुनिया की हर वस्तु कविता का विषय हो सकती है तो राजनीति क्यों नहीं हो सकती? इनके सम्बन्धों को लेकर पिछले कुछ दशकों में निरन्तर वाद-विवाद होता रहा है, और हो रहा है। इस सन्दर्भ में अँग्रेज आलोचक आलवारेज का वक्तव्य द्रष्टव्य है–

"हमने यह मान लिया है कि कविता और राजनीति के बीच बुनियादी विभाजन है। समस्या यह नहीं है कि दोनों छोर कभी मिल नहीं सकते, बल्कि यह कि यदि वे मिल सकते हैं तो बड़ी कीमत पर। राजनीति की अस्पष्ट वक्तृतावादी और जड़ फिकरोंवाली भाषा के साथ कविता की जटिलता, तनाव और यथातथ्यता का कोई मेल नहीं है। एवुशेंको के खिलाफ, अधिकांश मायकोव्स्की के खिलाफ, आडेन के 'स्पेन' के खिलाफ और युवा स्पेंडर के नगण्य मार्क्सवाद के खिलाफ

यही तर्क दिया जाता है। इसकी परिणति इस विश्वास में होती है कि राजनीतिक कविता, कविता के रूप में, अपेक्षया ही नहीं बल्कि अशक्यतया सपाट होती है। इसका अर्थ यह है कि यद्यपि ऐसी कविता कभी-कभी प्रभावशाली तो हो सकती है, किन्तु अन्तत: अच्छी नहीं हो सकती, क्योंकि हमारा अच्छाई का प्रतिमान जितने आन्तरिक और सूक्ष्म विवेकवाले गुणों से निर्मित है उतने की गुंजाइश राजनीति नहीं छोड़ती।"[1]

पश्चिम में साहित्य और राजनीति के सम्बन्धों की चर्चा मार्क्सवादी विचारधारा के प्रभाव से आरम्भ होती है। पर साहित्य में व्यापक अर्थ में राजनीति का प्रवेश पहले ही हो चुका था। कमोबेश रूप में राजनीति जीवन का अनिवार्य अंग है। जब जीवन की अभिव्यक्ति साहित्य में होती है तो राजनीति का निषेध क्यों? टेरी एगिल्टन का तो कहना है कि हर साहित्य कहीं-न-कहीं से राजनीतिक होता है। इस अतिवादी मत को स्वीकार नहीं किया जा सकता। पर इससे राजनीति निषिद्ध नहीं हो जाती।

किन्तु समय-समय पर राजनीति का स्वरूप बदलता रहता है। कभी राजनीति धर्म से जुड़ी हुई थी तो कभी अर्थ और काम से। मार्क्सवादी विचार के प्रभाव से वह सर्वहारा से जुड़ी तो अब वह किसानों के हितों से जुड़ गई है। राजनीति का स्वरूप देशकाल के अनुसार भी बदलता रहता है। पश्चिमी साहित्य का राजनीतिक चिन्तन वही नहीं है जो तीसरी दुनिया के उपनिवेशों का रहा है। पूर्वी योरप और सोवियत रूस की राजनीति का स्वरूप बदल गया है। अब वहाँ पर लोकतन्त्र का प्रभुत्व है। किन्तु अपने यहाँ लोकतन्त्र बिखर रहा है। इधर एक विचित्र बात और भी दिखाई पड़ रही है कि दुनिया भर की राजनीति पर धर्म का प्रभाव बढ़ता जा रहा है। धर्म को अफीम कहनेवाले देशों में भी उसके पुन:प्रवेश का द्वार खोल दिया गया है। इधर अपने देश के कट्टर मार्क्सवादी दल (सी.पी.एम.) ने सामाजिक-राजनीतिक बदलाव के लिए मध्यकालीन सन्तों का पल्ला पकड़ने का निश्चय किया है।

इस परिवर्तन के बावजूद आज 'कोई व्यक्ति राजनीति से असंपृक्त नहीं रह सकता।' सार्त्र के 'रिप्रीव' का एक पात्र है ग्रोसेलुई। वह अपढ़ किसान है। किसी को भी उससे डर नहीं है। उसमें नुकसान पहुँचाने की क्षमता ही नहीं है। वह दर-दर मारा-मारा फिरता है और अन्त में जेल भेज दिया जाता है। यह सब राजनीति के कारण होता है जिसका उसे कुछ भी ज्ञान नहीं है। मतलब यह कि आज के जमाने में हम राजनीति की उपेक्षा कर सकते हैं किन्तु राजनीति हमारी उपेक्षा नहीं करेगी।[2]

पर प्रश्न होता है कि राजनीति का कौन-सा रूप है जिससे आज का

मानवीय जीवन ग्रस्त है। पूँजीवाद, समाजवाद, लोकतन्त्र अथवा कोई अन्य तन्त्र? इन समस्त तन्त्रों में समाजवाद सबसे अधिक साफ-सुथरा और सामान्य जन का पक्षधर है। लेकिन अब तो समाजवाद के रूप में भी वैविध्य आ गया है। आधार और अधिरचना में आधार के आगे प्रश्नचिह्न लग गया है। अंतोनियो ग्राम्शी अधिरचना का महत्त्व प्रतिपादित करता है। उसे अधिरचनावादी कहा जाने लगा है। रेमण्ड विलियम्स का कहना है कि जितनी राष्ट्रीय संस्कृतियाँ हैं उतने समाजवाद हैं। वर्ग-संघर्ष की स्थिति भी बदल गई है। अब तो रामविलास शर्मा जैसे मार्क्सवादी भी वर्ग सहयोग का समर्थन करने लगे हैं।

सही और गलत राजनीति

ऐसी स्थिति में बेंजामिन की 'सही राजनीति' का क्या अर्थ रह जाता है? उसने अपने एक निबन्ध 'दी आथर एज प्रोड्यूसर' (लेखक एक उत्पादक है) में कहा है कि "आज की सामाजिक स्थिति में लेखक यह निर्णय करने के लिए बाध्य है कि वह किसके पक्ष में क्रियाशील हो। तुम यह भी सिद्ध कर सकते हो कि इसे स्वीकार न करने पर भी वह किसी वर्ग के पक्ष में ही रचना करता है। एक अग्रगामी लेखक चुनाव का पक्षधर होता है। वर्ग-संघर्ष के आधार पर लिया गया उसका निर्णय सर्वहारा की पक्षधरता करेगा। ऐसे लेखन को 'टेंडेन्ससे' कहा जाता है।"[3]

इसके अनन्तर वह कहता है कि कवि को एक ओर सही-सही राजनीति ग्रहण करनी होगी तो दूसरी ओर उसे कृति की गुणवत्ता पर भी ध्यान देना होगा। आगे चलकर वह सही राजनीति पर बल देता है। सही राजनीतिक प्रवृत्ति के साथ सही साहित्यिक तकनीक होगी ही। सही राजनीति और सही साहित्यिक तकनीक का तालमेल वह विश्वसनीय ढंग से नहीं बैठा पाता। उसकी सही राजनीति का अर्थ है समाजवाद। लेकिन सही साहित्यिक तकनीक का अभिप्राय स्पष्ट नहीं हो पाता।

इस सम्बन्ध में दो समस्याएँ खड़ी होती हैं, एक तो यह कि सही राजनीति क्या है? दूसरी यह कि तदनुरूप साहित्यिक तकनीक का स्वरूप क्या है? दूसरे शब्दों में राजनीति और साहित्यिकता का सम्बन्ध क्या है? वाल्टर बेंजामिन ने अपने पक्ष के समर्थन में वर्तोल्ट ब्रेश्ट के कथन और नाटकों का उपयोग किया है। पर एडोर्नो बेंजामिन के विरुद्ध ब्रेश्ट को ही खड़ा करता है।

एडोर्नो ने एक जगह सार्त्र को उद्धृत किया है कि "कोई व्यक्ति एक क्षण के लिए भी कल्पना नहीं कर सकता कि 'एंटी सेमेरिज्म' की प्रशंसा में कोई अच्छा उपन्यास लिखा जा सकता है।"[4] इसके बाद स्वयं एडोर्नो की टिप्पणी है-"न

मास्को ट्रायल की प्रशंसा में ही अच्छा उपन्यास लिखना सम्भव है, चाहे यह प्रशंसा स्टालिन द्वारा जिनोविव और बुखारिन की हत्या के पहले ही क्यों न की गई हो।"[5] उसके विचार से यह सब राजनीतिक झूठ है और राजनीतिक झूठ साहित्य के सौन्दर्य पर कलंक है। ब्रेश्ट के 'मदर करेज' में 'मास्को ट्रायल' का पक्ष लिया गया है। अतः यह नाटक प्रचारात्मक हो गया है। एडोर्नो का कहना है कि 'बुरी राजनीति बुरी कला होती है और बुरी कला बुरी राजनीति।'

यही सही है कि ब्रेश्ट के नाटकों की शक्ति उसकी राजनीतिक आस्था है। लेकिन वह अत्यन्त उच्चकोटि का कलाकार भी था। जहाँ उसके नाटक की वस्तु और कला में एकीकरण स्थापित हुआ है वहाँ एक सौन्दर्य बोधात्मक चमक आ गई है। एक स्थान पर उसने कहा है कि जहाँ मैं आत्मछल से मुक्त होता हूँ वहाँ मेरे लिए थिएटर मुख्य हो जाता है।

प्रश्न होता है कि तब सही राजनीति क्या है? किसी खास राजनीति को सही राजनीति की संज्ञा दी जा सकती है क्या? आज के उथल-पुथल के युग में देखा जा रहा है कि जो राजनीति सही लगती थी वह सहसा गलत लगने लगी। दलगत राजनीति हर समय सही नहीं हो सकती। स्वयं ब्रेश्ट ने सामूहिक कृषि का समर्थन किया था। किन्तु अब यह अन्यथा सिद्ध हो चुकी है। समाजवादी भी हर देश का एक नहीं हो सकता। रेमंड विलियम्स का कहना है कि जितनी राष्ट्रीय संस्कृतियाँ हैं उतने ही समाजवाद हैं। इस अर्थ में वह अन्तोनियो ग्राम्शी के करीब पहुँच जाता है।[6]

साहित्यिकता और राजनीति

इसमें सन्देह नहीं है कि साहित्य का गहरा सम्बन्ध संस्कृति से है। हर देश की राजनीति उसकी राष्ट्रीय संस्कृति से जुड़ करके ही सही हो सकती है। किन्तु आरम्भ में ही यह प्रश्न उठाया गया है कि सही राजनीति और सही साहित्यिकता में क्या सम्बन्ध है? सामान्यतः यह बात स्वीकार कर ली गई है कि साहित्य पहले साहित्य होगा, बाद में चाहे जो हो। राजनीतिक विषय-वस्तु और उसकी साहित्यिकता को लेकर तो और गहरा विवाद है। किन्तु यदि राजनीति (वस्तु) और साहित्यिकता (रूप) में अभिन्न सम्बन्ध स्थापित हो जाता है तो उसके विरुद्ध कोई उँगली नहीं उठा सकता।

साहित्यिकता का महत्त्व इसलिए भी है कि कहीं आलोचक किसी कृति से मनपसन्द राजनीति न निचोड़ ले। टेरी एगिल्टन, प्रसिद्ध चेक उपन्यासकार मिलान कुंदेरा के उपन्यास 'दी जोक' में स्टालिन विरोधी राजनीति देखता है। वह प्रतिबद्ध

साहित्य को राजनीति का हथियार मानता है।[7] 'जोक' के बारे में वह कहता है–'लुडविक के बुनियादी नृत्तत्वात्मक अनुभव की जड़ें इतिहास में हैं–लेकिन स्वयं इतिहास का वर्णन (दल की भूमिका, आतंक का राजनीतिक आधार, सामाजिक संस्थानों की संघटना आदि) मुझे रुचिकर नहीं लगता और इस उपन्यास में नहीं पाओगे।'[8] सन् 1980 में जब कुंदेरा के 'जोक' पर दूरदर्शन पर विचार किया जाने लगा तो एक वक्ता ने कहा कि इसमें स्टालिन की मरम्मत की गई है। कुंदेरा चीख पड़ा कि कृपा करके आप अपने स्टालिन से मुझे मुक्त रखें। 'जोक' एक प्रेम कहानी है। काफ्का के उपन्यासों को वह अप्रतिबद्ध मानता है। वे राजनीतिक कार्यक्रमों, विचारधारात्मक अवधारणाओं और भविष्यवाद से मुक्त स्वायत्त है। कुंदेरा का सम्बन्ध जनता से न होकर वैयक्तिक जीवन से है।

अपनी पुस्तक 'दी आर्ट ऑफ दी नावेल' में वह लिखता है कि उपन्यास का कार्य खोजबीन है न कि नैतिकता का आग्रह या निर्णय देना। यह अन्वेषण करता है और उछालता है। उसकी दिलचस्पी यथार्थ में नहीं स्वयं अस्तित्व में है, जो कुछ घटित हुआ है उससे उसका सरोकार नहीं है। उसकी अभिरुचि इसमें है कि मनुष्य क्या हो सकता है, उसकी क्षमताएँ क्या हैं?

पश्चिमी साहित्य में प्रथम महायुद्ध से स्टालिन के समय तक कलात्मक और राजनीतिक समस्याएँ एक-दूसरे से मिलकर चल रही थीं। कुछ लोगों की दृष्टि में पारिभाषिक रूप से कला राजनीतिक वामपन्थ से ही सम्बद्ध होती है (पूरे इतिहास को देखते हुए यह गलत सिद्ध होता है)। दूसरे महायुद्ध के बाद कला की यह प्रतिबद्धता नहीं रही।[9]

राजनीतिक दबाव

पर वामपन्थ के प्रभाव से ही कविता और राजनीति की सैद्धान्तिक चर्चाएँ शुरू हुईं लेकिन साहित्य में उसका प्रवेश किसी राजनीतिक दबाव के कारण आया। हिन्दी साहित्य में औपनिवेशिक अत्याचारों के फलस्वरूप भारतेन्दु के समय से ही साहित्य में इसका प्रवेश हो चुका था। किन्तु सैद्धान्तिक चर्चाएँ छायावादोत्तर युग से ही आरम्भ हुईं। कविता के सन्दर्भ में अज्ञेय, मुक्तिबोध और रघुवीर सहाय के विचारों का विशेष महत्त्व है। अतः उनकी समीक्षा अपेक्षित है। कवि होने के नाते उनके विचारों के साथ उनका रचना-सन्दर्भ भी जुड़ा हुआ है। अतः उनके विचारों में रचनात्मकता का भी योग है।

साहित्य और राजनीति को दो अलग-अलग कठघरे में रखना एक संकीर्ण दृष्टिकोण का सूचक है। साहित्य और राजनीति का अनिवार्य सम्बन्ध मान लेना

और भी संकीर्णतर है। साहित्य के व्यापक परिवेश में किसी भी अनुभव या विचार को समाविष्ट किया जा सकता है। इसे संस्कृत के पुराने आचार्य भी मानते आए हैं। अभिनवगुप्त ने 'ध्वन्यालोक लोचन' में लिखा है कि "बृहस्पति के हजारों कवि अनेकानेक विषयों को अपनी कविता का वर्ण्य बनाते हैं और वे प्रकृति और जगत् के अपार विषयों की तरह कम नहीं होते।"[10] नाट्यशास्त्र में भी बाह्य जगत् की वस्तुओं को काव्य का विषय बनाने का निर्देश है।[11]

अज्ञेय ने ठीक ही लिखा है–"साहित्यिक और राजनीतिक को दो पृथक् और विरोधी तत्त्व मान लेना किसी प्राचीन युग में भी उचित न होता, आज के से संघर्ष-युग में तो वह मूर्खतापूर्ण-सा ही है। आधुनिक युग में व्यक्ति के लिए बिलकुल सम्भव है कि वह एक साथ दोनों हो सके। बल्कि इन दोनों के अलावा वह बीस चीजें और हो सकता है और फिर भी किसी को आपत्ति करने का अधिकार नहीं होगा।"[12]

व्यक्ति या स्रष्टा पर अपने युग का दबाव पड़ता है। एक समय था जब साहित्य और धर्म का गहरा सम्बन्ध था, धर्म साहित्य से ऊपर था। एक समय साहित्य पर विलास का प्रभुत्व रहा। आजकल हमारे जीवन के प्रत्येक क्षेत्र पर राजनीति का प्रभुत्व है। राजनीति से पृथक् रहने के आकांक्षी होकर भी हम उससे अलग नहीं रह सकते। यह दूसरी बात है कि राजनीतिक समस्याओं को कवि अपनी अन्तरंगता का अंग बना पाता है या नहीं। ऐसा न होने पर उसकी कविता कविता न होकर कविता-आभास होगी।

"साहित्य और राजनीति का असर एक-दूसरे पर होने से रोका भी नहीं जा सकता–चाहे राजनीति का युग हो चाहे साहित्य का। नीत्शे साहित्यिक था, लेकिन आधुनिक राजनीति पर उसके प्रभाव की उपेक्षा नहीं की जा सकती। लेनिन को कोई साहित्यिक नहीं कहता, फिर भी आधुनिक साहित्य पर उसकी गहरी छाप है।"[13]

कविता और विचारधारा

कविता और राजनीति के सम्बन्धों को लेकर मुख्यतः तीन प्रश्न उठते हैं–क्या कविता और विचारधारा का अनिवार्य सम्बन्ध है? राजनीतिक कविता व्यक्ति-स्वातन्त्र्य को किस हद तक सुरक्षित रखती है? कविता की अपनी अस्मिता क्या है?

साहित्य और विचारधारा को लेकर बहुत बहस हो चुकी है। पहले तो यह निश्चित नहीं हो पाया है कि कला और साहित्य विचारधारा है, दूसरे यह कि आधार और अधिरचना (विचारधारा) का अनिवार्यतः द्वन्द्वात्मक सम्बन्ध है। इसके विस्तार

में जाना बहुत प्रासंगिक नहीं है। पर विचारधारा पर थोड़ा विचार कर लेना चाहिए। व्यापक अर्थ में विचारधारा का सम्बन्ध राजनीति से है।

इस सम्बन्ध में रामविलास शर्मा का मत द्रष्टव्य है–"संस्कृति केवल विचारधारा नहीं है, उसमें मनुष्य की भावधारा, संवेदनाएँ आदि भी शामिल हैं।"[14] एक अन्य स्थान पर उन्होंने स्पष्ट रूप से कहा है कि साहित्य शुद्ध विचारधारा नहीं है–"कला का सम्बन्ध विचारों के साथ-साथ मनुष्य के इन्द्रियबोध और उसके भावों से भी है। विचारों की व्यंजना भाषा के बिना नहीं हो सकती। तब वे ललित कलाएँ जिनमें भाषा का प्रयोग नहीं होता, विचारधारा के रूपों में कैसे गिनी जा सकती हैं। साहित्य भी शुद्ध विचारधारा नहीं है। उसका भावों और इन्द्रियबोध से घनिष्ठ सम्बन्ध है। इससे स्पष्ट है कि ललित कलाओं को विचारधारा के रूपों में गिनना सही नहीं है।"[15]

डा. मैनेजर पाण्डेय ने इस सन्दर्भ में एक प्रश्न उठाया है कि क्या इसका सम्बन्ध केवल विचारों से ही है। इस प्रश्न का उत्तर उन्होंने स्वयं दे दिया है–"अधिरचना या विचारधारा केवल विचारों तक ही सीमित नहीं होती। मार्क्स ने 'लुई बोनापार्ट' के 18वीं बूमेर में लिखा है कि अधिरचना का निर्माण विभिन्न प्रकार के भावों, भ्रमों, चिन्तन की आदतों और जीवन की धारणाओं से होता है। इन सबके मूल में जीवन के वर्ग आधार तथा भौतिक परिस्थितियों का अस्तित्व होता है। मार्क्स के इस कथन से सिद्ध होता है कि विचारधारा में केवल विचार ही नहीं होते उसमें भाव भी होते हैं।"[16]

लेकिन इस सिद्धान्त के कारण साहित्य बहुत कुछ यन्त्रगतिक हो गया, वर्ग संघर्ष प्रधान हो उठा और सर्वहारा की विजय और प्रगति का मिथक रचा गया। साहित्य की अपनी अस्मिता बहुत कुछ लुप्त हो गई। व्यक्ति-स्वातन्त्र्य बाधित हुआ, प्रयोग तथा आधुनिकता को खारिज कर दिया गया। सोवियत रूस में साहित्यकारों से जो बर्ताव किया गया उसकी सर्जनात्मक स्वतन्त्रता पर अंकुश लग गया।

व्यक्ति-स्वातन्त्र्य

इस सिलसिले में व्यक्ति-स्वातन्त्र्य का प्रश्न पश्चिम में भी उठा और भारत में भी। यद्यपि यह प्रश्न भी एक राजनीति के तहत उठाया गया, फिर भी जहाँ तक व्यक्ति-स्वातन्त्र्य का सवाल है यह अपने आपमें महत्त्वपूर्ण है। अतः आवश्यक है कि कवि के व्यक्ति-स्वातन्त्र्य और राजनीति के सम्बन्धों पर विचार कर लेना चाहिए। यदि कवि की अपनी विचारधारा है, उसके प्रति वह प्रतिबद्ध है और यह

प्रतिबद्धता का रचनात्मक स्तर अनुभूति प्रेरित है तो वह हर तरह से स्वतन्त्र है। किन्तु यदि वह शासन के दबाव में आकर अनुभूति या संवेदना विरहित रचना करता है तो व्यक्ति-स्वातन्त्र्य अपने आप खण्डित हो जाता है।

व्यक्ति-स्वातन्त्र्य अपने आपमें एक जटिल समस्या है। बहुत व्यक्ति-स्वातन्त्र्य, बहुत अराजकता पैदा करना है और व्यक्ति-स्वातन्त्र्य का ऐकान्तिक अभाव घुटन, लाचारी, असहायता और तानाशाही पैदा करना है। पहले से अकविता पैदा होगी तो दूसरे से आदिष्ट कविता। सही कविता के लिए दोनों स्थितियाँ अस्वीकार्य हैं। ऐसी स्थिति में कवि को 'मध्यमा-प्रतिपक्ष' का सहारा लेना होगा। उसे अपने विवेक का प्रयोग करना पड़ेगा। राजनीतिक कविताओं में भी यह विवेक क्रियाशील रहेगा। इसके अभाव में कविता के नारा बनने का खतरा बढ़ जाएगा।

राजनीतिक कविताओं के लिए कहा जाता है कि उसे प्राय: प्रतिपक्ष में रहना होगा। औपनिवेशिक काल में कविता का विपक्ष में रहना स्वाभाविक था। किन्तु स्वराज्य प्राप्ति के बाद कविता हर समय प्रतिपक्ष की मुद्रा में नहीं बनी रह सकती। उसे सत्ता के धन पक्ष का साथ देना पड़ेगा और ऋण पक्ष का विरोध करना पड़ेगा।

व्यक्ति-स्वातन्त्र्य को लेकर रघुवीर सहाय ने कुछ बहुत अच्छी बातें कही हैं–वे अपने देश के सन्दर्भ में कहते हैं कि हमारा राजनीतिक संगठन या व्यवस्था बिलकुल बेकार है–"यानी एक उद्देश्य को लेकर नाकामयाब। उद्देश्य वही है–समता, मनुष्य और मनुष्य के बीच की गैर-बराबरी को मिटाने के लिए यह व्यवस्था बिलकुल बेकार है। क्योंकि हम यह मानते हैं, इसलिए मैं समझता हूँ कि मनुष्य की नियति को बनाने, समाज को मानवीय बनाने के उद्देश्य से उसे बदलने के लिए, रचनात्मक कर्म की हैसियत से हो सकता है, होना चाहिए, हुआ भी है बीच-बीच में, पर वह मेरा कर्म नहीं है। मेरा कर्म, मैंने आपसे कहा, माना लिखना। या उसको आप अगर और बहुत दार्शनिक बनाएँ तो मतलब यह है कि सचाई को ढूँढ़ना, यह मैं उस अर्थ में, आध्यात्मिक अर्थ में नहीं कर रहा हूँ–एक शुद्ध मानवीय अर्थ में कह रहा हूँ। यह मेरा काम है। ऐसा काम करनेवाला आदमी किसी समाज में उस वक्त अपने को बहुत असहाय और अपूर्ण अनुभव करने लगता है जबकि राजनीति रचनात्मक रूप में न हो रही हो, अच्छी तरह राजनीति न हो रही हो, काफी राजनीति न हो रही हो। राजनीति से मेरा मतलब उसी रचनात्मक कर्म से ही है।"[17]

चाहे राजनीति हो या साहित्य, दोनों को रचनात्मक ही होना चाहिए। संगठित राजनीति में सत्य पाया हुआ होता है, साहित्य में सत्य को नए सिरे से अन्वेषित करना पड़ता है। किसी विचारधारा को आश्रयस्थल मान लेना साहित्य के लिए शुभ

नहीं है। साहित्य और राजनीति में से कोई किसी का गुलाम नहीं है। दोनों के बीच एक तनाव का रिश्ता होता है। यदि राजनीति यह कहती है कि उसने सत्य को देख लिया है तो वह गलत कहती है। साहित्यकार उस सत्य को अपने ढंग से देखेगा और मनुष्य मनुष्य के बीच गैर-बराबरी मिटाने की राह ढूँढ़ेगा। यही उसका व्यक्ति-स्वातन्त्र्य है।

रघुवीर सहाय सत्ता की राजनीति और रचना के सम्बन्ध को छत्तीस का सम्बन्ध कहते हैं। उनका कहना है कि "प्रत्येक रचना सत्ता के खिलाफ होती है। इसलिए होती है कि सत्ता का सारा अभिप्राय किसी एक सरकार की सत्ता की बात नहीं कर रहा है—आदमी के पास, उसका हक जितनी आजादी का है उससे कम आजादी रखना होता है। वरना सत्ता नहीं होगी। वरना तो सबकी बराबर सत्ता होगी। जिस हद तक हम स्वेच्छा से अपनी आजादी सौंपते हैं यानी अपने किसी प्रतिरूप को स्वेच्छा से और सीमित समय के लिए (वह समय कैसे सीमित होता है, यह सिर्फ एक सामाजिक प्रथा है कि वह पाँच साल के चुनाव से सीमित होगा या कोई और कानून होगा जिससे कि वह जब चाहे सीमित किया जा सके) हम अपनी आजादी का एक हिस्सा इसलिए देते हैं कि वह समाज का और राज्य का प्रबन्ध करे। उस हद तक सत्ता के और हमारे बीच एक रिश्ता बनता है। वह रिश्ता हमेशा तनाव का रिश्ता होगा। रचना इस तनाव का प्रतिनिधित्व करती है।"[18]

कहने का तात्पर्य यह है कि समग्रतः रचना सत्ता के प्रतिपक्ष में रहती है। सत्ता को कविता पर अंकुश लगाने का न तो कोई हक है और न निर्णय देने का अधिकार। रचनाकार सत्ता की निरंकुशता, मानवीय अधिकारों के हनन का विरोध करती है। यदि सत्ता मनुष्य की समता की प्रतिष्ठा में योग दे रही हो तो दोनों के उद्देश्य में तालमेल बैठ सकता है। लेकिन मानवीय समता की प्रतिष्ठा के रास्ते अलग होंगे, प्रक्रियाएँ अलग होंगी।

कविता में यथार्थ

राजनीति सामाजिक यथार्थ को मद्देनजर रखते हुए सिद्धान्तों का ऐसा ढाँचा बनाती है जिसके तहत मानवीय समता और सांस्कृतिक-वैविध्य की रक्षा और परिष्कार हो सके। ये ढाँचे शीघ्र ही जड़ीभूत होकर टूट जाते हैं। लेकिन रचना में एक नैरन्तर्य होता है, वह अपनी जड़ता को स्वयं तोड़ती हुई अपने उद्देश्य को सौन्दर्यात्मक स्तर पर अन्वेषित करती है। सामाजिक यथार्थ को राजनीतिक बौद्धिक विश्लेषण के आधार पर समझने और व्याख्यायित करने का प्रयास करता है। लेकिन रचनाकार इसे अनुभूति के स्तर पर आयत्त करता है। कथा-साहित्य का मूलाधार सामाजिक

यथार्थ होता है, इसलिए उसकी समझदारी के लिए कथा-साहित्य और सामाजिक जीवन के यथार्थ में एक प्रकार की समानान्तरता देखी जाती है। फिर भी कथा-साहित्य का यथार्थ अपनी रचना में जीवनगत यथार्थ से विलक्षण हो उठता है।

किन्तु कविता के यथार्थ को लेकर विद्वानों में मतभेद है। एडोर्नो का कहना है कि "कविता में हम आशा करते हैं कि वह समाज के विरुद्ध और व्यक्ति के पक्ष में खड़ी हो, वह भौतिक जीवन के दमनकारी प्रभावों और उपयोगितावादी दबावों से हमें बचाए।"[19]

पहले संकेतित किया जा चुका है कि कथा-साहित्य मुख्यतः उपन्यास सामाजिक-राजनीतिक समस्याओं और संस्थानों से अधिक जुड़ा होता है। सामाजिक-राजनीतिक संस्थान सामान्यतः व्यक्ति की संवेदनाओं को बहुत कुछ नष्ट कर देते हैं। उसका एक पक्ष दमनकारी भी होता है। उपयोगितावाद मनुष्य को आत्मग्रस्त बनाकर उसे जड़ता की ओर ले जाता है। कविता बच्चों की किलकारियों और संवेदनशील मानवीय रिश्तों को बचाती है। राजनीतिक कविताएँ भी वे ही अच्छी होती हैं जिनका जोर मानवीय संवेदना पर होता है। रघुवीर सहाय ने अपनी एक बातचीत में 'कविता क्या बचाती है?' पर विचार किया है। उनका कहना है कि "कविता जिन चीजों को बचा रखती है उनको पहचानने के लिए आप मुक्त हैं, पर वे अन्ततः वही होंगी जो आदमी को कहीं-न-कहीं आजाद करती हैं।"[20] आजाद होने का अभिप्राय है समाज या राजनीति के दमनकारी प्रभावों और उपयोगितावाद से बचना।

कवि सबसे अधिक संवेदनशील प्राणी माना जाता है। परिवर्तमान परिस्थितियों और मानवीय संवेदना के बदलाव के सूक्ष्मतर तत्त्वों को जितनी गहराई और बारीकी से वह पकड़ सकता है दूसरा कोई नहीं पकड़ सकता। किन्तु इस पकड़ को रचनात्मक स्तर पर अभिव्यक्त और सम्प्रेषित करने के लिए उसे युगानुरूप नई भाषा का प्रयोग करना पड़ता है। भाषा के इस प्रयोग के साथ उसे कलात्मक प्रयोग भी करने पड़ते हैं। कुछ दिनों तक एक खास राजनीतिक विचारधारा के लोग प्रयोग के ही विरुद्ध थे। किन्तु कालान्तर में उन्होंने भी रूप के नए-नए विन्यासों की स्वीकृति दे दी।

रूप-तत्त्व

यदि छायावाद काल की कविता की भाषा और काव्यगत रूपों की तुलना पूर्ववर्ती युग की कविता की भाषा और रूपों से की जाय तो दोनों में काफी

अन्तर मिलेगा। छायावादी कवियों ने पूर्ववर्ती भाषा को अपनी आत्माभिव्यक्ति के लिए अपर्याप्त समझा। उन्होंने नए बिम्बों, प्रतीकों, मिथकों को नए छंदों, मुक्त वृत्तों और लयों में बाँधकर भाषा को नया संस्कार दिया, उसे अधिक समर्थ और सक्षम बनाया। छायावादी में निराला सबसे अधिक प्रयोगशील भी हैं और राजनीतिक भी।

आरम्भ में–एक हद तक अब भी–मार्क्सवादी साहित्यकार प्रयोग का स्वागत नहीं करते। लेकिन समय के दबाव और ऐतिहासिकता की माँग के फलस्वरूप उन्हें साहित्य में रूप के महत्त्व को स्वीकारना पड़ा। प्रसिद्ध मार्क्सवादी नाटककार ब्रेश्ट अपने राजनीतिक विषय और नाट्य प्रयोग दोनों के कारण प्रसिद्ध है। उसकी दृष्टि में पारम्परिक नाट्य-विधियाँ नए युग के अनुरूप नहीं रह गई थीं। इसीलिए उसने 'एपिक थिएटर' की नींव डाली और 'एलिनिएशन इफेक्ट' के माध्यम से युगानुरूप राजनीतिक चेतना को उजागर किया। एपिक थिएटर की कथा-वस्तु कसी हुई न होकर ढीली-ढाली होती है। समय का भी लम्बा विस्तार होता है, दर्शक नाट्य से तादात्म्य न स्थापित कर सोचने-विचारने के लिए बाध्य होता है। ब्रेश्ट आधुनिकतावादी मार्क्सिस्ट था। अतः उसके लिए नए थिएटर का प्रयोग अनिवार्य हो गया।

हिन्दी के प्रगतिवादी कवियों और आलोचकों में भी जिनकी मुख्य विषय-वस्तु, राजनीतिक रही है, दो धाराएँ दिखाई पड़ती हैं–क्लासिकल मार्क्सवादी धारा और आधुनिक मार्क्सवादी धारा। पहली धारा रेखीय विकास की धारा है और दूसरी में विकास की धारा वक्र और थक्का (शाक) देनेवाली है। प्रगतिवाद के तीन कवि–नागार्जुन, केदारनाथ अग्रवाल और त्रिलोचन रेखीय प्रगति के कवि हैं–नागार्जुन, केदार कुछ अधिक और त्रिलोचन कुछ कम। मुक्तिबोध, सर्वेश्वर, रघुवीर सहाय आधुनिक मार्क्सवादी हैं। इसलिए ये प्रयोग को खुले रूप में स्वीकार करते हैं।

मुक्तिबोध क्लासिकल प्रगतिवादी कविताओं के सम्बन्ध में लिखते हैं–"सच तो यह है कि मैंने काव्यजगत् के आत्मीय क्षेत्र में, प्रगतिवाद-विशिष्ट यान्त्रिक ओज और यान्त्रिक छन्द अस्वीकार कर दिए। मुझे प्रतीत हुआ कि काव्य में मनुष्य की सामाजिक-राजनीतिक इयत्ता ही प्रकट नहीं होनी चाहिए, (किन्तु उसे काटकर नहीं फेंका जा सकता जैसाकि आजकल हो रहा है), किन्तु पूर्ण मनुष्य के दर्शन, मानव-जीवन के सभी पक्षों के दर्शन होने चाहिए, स्पन्दनशील वैविध्यपूर्ण महान् गुणों से युक्त साहसिक मानव-जीवन की प्रतिष्ठा होनी चाहिए। प्रगतिवादी एक क्षेत्रीय था, यन्त्रवत्ता था, वह एक विशेष काल में मध्यवर्ग की एक विशेष

मनोवैज्ञानिक दशा का ही सूचक था। यह दशा समाप्त हुई और यह धारा भी (धारा के रूप में) समाप्त हो गई। किन्तु उसके द्वारा उठाए गए प्रश्न आज भी सुलझे नहीं। उसके लक्ष्य अभी भी पूरे नहीं हुए। संक्षेप में, मेरे अपने मानसिक क्षेत्र में छायावाद और तदनन्तर प्रगतिवाद के विरुद्ध प्रतिक्रियाएँ होती रहीं। मैं चुपचाप अपनी कविता का विकास करता रहा। विशेष प्रोत्साहन भी नहीं था।"[21]

राजनीतिक कविताओं के साथ वादग्रस्तता का खतरा बराबर बना रहता है। वादग्रस्त होने पर कविता की अपनी स्वायत्तता सापेक्षिक स्वायत्तता ही सही–नहीं रह जाती। इसके अभाव में कविता का सौन्दर्य पक्ष धूमिल हो जाता है। मुक्तिबोध कविता की सापेक्षिक स्वायत्तता के प्रति सचेत थे। वे पारम्परिक प्रगतिवादी विषय-वस्तु और रूप विन्यास से हटकर अपनी कविता का नया मार्ग ढूँढ़ रहे थे। इस नए अन्वेषण का मूल्य भी उन्हें चुकाना पड़ा। प्रगतिवादी आलोचकों ने उनमें रहस्यवाद-अस्तित्ववाद आदि ढूँढ़ना आरम्भ किया। लेकिन मुक्तिबोध का महत्त्व प्रगतिशील चिन्तन और काव्य-रूप को नए ढंग से प्रस्तुत करने में है।

सौन्दर्य पक्ष

कविताएँ चाहे राजनीतिक हों या गैर-राजनीतिक उनका अपना एक कलापक्ष या सौन्दर्य पक्ष भी होता है। पेचीदगी से भरे हुए इस विषय पर विचार करना किंचित् कठिन कर्म है। मोटे तौर पर पूछा जा सकता है कि राजनीतिक कविताओं पर विचार करते समय क्या राजनीतिक विचार और काव्यगत सौन्दर्य का विश्लेषण अलग-अलग होगा? यदि नहीं तो दोनों का अपना सम्बन्ध विचारणीय है।

साहित्य पर अपने परिवेश का प्रभाव पड़ता ही है। उस प्रभाव के अभाव में साहित्य महत्त्वपूर्ण नहीं होता। समय से एकदम असम्पृक्त होकर केवल रूप पर आश्रित साहित्य दुलारे-दोहावली हो जाएगा तो केवल सामयिकता या गुणानुवाद करनेवाला साहित्य 'भारत भारती' का रूप लेगा।

मुक्तिबोध ने लिखा है–"जिस समाज में हम रहते हैं, उसके द्वारा प्रदत्त अथवा उत्सर्जित भाव-परम्परा तथा मूल्यों से विच्छिन्न होकर, सृजन-प्रक्रिया के अंगभूत मूल्यों का अस्तित्व ही नहीं है। सौन्दर्य प्रतीति की डुग्गी पीटनेवाले लोग सामाजिक दृष्टि को भले ही ऊपर से थोपी हुई समझें, वह वस्तुत: यदि दृष्टि है तो, कभी भी थोपी हुई नहीं रहती, वरन् हमारे अन्दर का एक निज-चेतस आलोक नहीं है, वह दृष्टि नहीं है और कुछ भले ही हो। हम जिस समाज, संस्कृति, परम्परा, युग और ऐतिहासिक आवर्त में रह रहे हैं, उन सबका प्रभाव हमारे हृदय का संस्कार करता है। हमारी आत्मा में जो कुछ है वह समाज-प्रदत्त है–चाहे वह निष्कलुष

अनिन्द्य सौन्दर्य का आदर्श ही क्यों न हो। हमारा सामाजिक व्यक्तित्व हमारी आत्मा है। आत्मा का सारा सार तत्त्व प्राकृत रूप से सामाजिक है।"[22]

मुक्तिबोध के इस कथन से पूर्णतः सहमत होना कठिन है। सामाजिक व्यक्तित्व को ही सब कुछ मान लेने पर व्यक्ति-स्वातन्त्र्य को लगभग नकार दिया जाता है। मनुष्य के व्यक्तित्व के निर्माण में प्राणिशास्त्रीय तत्त्व का योग होता है। लोक की भिन्न-भिन्न रुचियों के मूल में केवल समाज ही नहीं होता, उसकी अपनी प्राणिशास्त्रीय विशेषता भी क्रियाशील होती है। एक ही परिवेश में पले हुए दो व्यक्ति की विचारधाराओं और सौन्दर्याभिरुचि में पर्याप्त अन्तर दिखाई पड़ता है। विचारधारा में थोड़ा-बहुत मिलते-जुलते रहने पर भी दो कवियों की सर्जनात्मक प्रक्रिया और सौन्दर्य के रूपायन में अलगाव दिखाई पड़ता है। निराला, नागार्जुन, मुक्तिबोध, रघुवीर सहाय की राजनीतिक कविताएँ अपने रूप और कथ्य में भिन्न हैं।

सन्दर्भ

1. डा. नामवर सिंह : वाद-विवाद-संवाद से उद्धृत, पृ. 114
2. डा. बच्चन सिंह : आधुनिक हिन्दी आलोचना के बीज शब्द, पृ. 58
3. एण्ड्रयू एराटो एण्ड ए.के. गेबहार्ट (सम्पादित), दी एसेंशियल फ्रेंकफर्ट स्कूल रीडर, 1978, पृ. 255
4. वही, पृ. 310
5. वही, पृ. 310
6. टेरी एगिल्टन (सम्पादित), रेमण्ड विलियम्स, पृ. 105
7. फ्रांसेस एल. रेरटूकिसगा, 'होमो होमियो', मिलान कुंदेरा 'दी जोक', काटेम्परोरी लिटरेचर, 31-3, पृ. 281
8. वही, पृ. 281
9. एडोर्नो : थ्योरी ऑफ एस्थेटिक्स, पृ. 110
10. वाचस्पति सहस्राणां सहस्रैरपि यत्रतः।
    निषद्धा साक्ष्यं नैति प्रकृतिर्जगतामिव। –ध्वन्यालोकलोचन 4
11. नाट्यशास्त्र 1, 119 गायकवाड़ सीरीज़, पृ. 12
12. अज्ञेय : सर्जना और सन्दर्भ, पृ. 59-60
13. वही, पृ. 60-61
14. रामविलास शर्मा : भाषा और समाज, पृ. 407
15. रामविलास शर्मा : आस्था और सौन्दर्य, पृ. 30

16. डा. मैनेजर पाण्डेय : साहित्य और इतिहास दृष्टि, पृ. 185
17. रघुवीर सहाय : यथार्थ यथास्थिति नहीं, पृ. 85
18. वही, पृ. 90
19. मैनेजर पाण्डेय : 'साहित्य में समाजशास्त्र की भूमिका' से उद्धृत, पृ. 224
20. रघुवीर सहाय : यथार्थ यथास्थिति नहीं
21. मुक्तिबोध रचनावली–5, पृ. 108
22. वही, पृ. 186

द्वितीय अध्याय

राजनीतिक परिवेश और निराला

राष्ट्रीय आन्दोलन और कविता में राजनीति का प्रवेश

भारत में ब्रिटिश शासन का प्रारम्भ 1757 ई. को माना जा सकता है। इसी वर्ष ईस्ट इण्डिया कम्पनी की सेना ने बंगाल के नवाब सिराजुद्दौला को प्लासी के युद्ध में पराजित किया। बंगाल पर अँग्रेजों का अधिकार हो गया। अँग्रेज व्यापार करने के इरादे से भारत आए लेकिन धीरे-धीरे यहाँ के शासक बन बैठे। सन् 1818 ई. में महाराष्ट्र भी अँग्रेजों के अधीन हो गया। 1856 ई. तक आते-आते अवध पर भी अँग्रेजों ने अधिकार जमा लिया। 1857 से प्रथम स्वतन्त्रता संग्राम का बिगुल बजा और यही वर्ष हिन्दी-प्रदेश के आधुनिक काल का प्रारम्भ माना जाता है।

विद्वानों का मत है कि अँग्रेजी राज्य स्थापित होने के कारण ही आधुनिकता का आगमन हुआ। अँग्रेजों के आगमन के ही कारण भारत में आधुनिकता का आगमन हुआ, यह अतिवादी मत है। पर उन्होंने इस दिशा में जाने-अनजाने प्रयास अवश्य किया। आलोचना में प्रकाशित एक लेख में कहा गया है–

"जिस तरह भक्ति आन्दोलन के बारे में प्रश्न उठाया जाता है कि यदि मुसलमान न आए होते तो भक्ति आन्दोलन की लहर न उठती उसी प्रकार कहा जाता है, यदि अँग्रेज न आए होते तो आधुनिक काल न आता। ऐतिहासिक प्रक्रिया के तहत उसे आना ही था। किन्तु अँग्रेजी उपनिवेश ने इस प्रक्रिया को तेज कर दिया। अनजाने ही सही नया परिवर्तन ले आने का श्रेय उसी को दिया जाता है।"[1]

इस सन्दर्भ में 10 जून, 1853 के न्यूयार्क डेली ट्रिब्यून में मार्क्स ने भारत में अँग्रेजी राज्य पर एक लेख (दि ब्रिटिश रूल इन इण्डिया) लिखा। इसमें उन्होंने कहा कि इंग्लैण्ड ने हिन्दुस्तान में एक सामाजिक क्रान्ति की है। क्रान्ति करने में

उसके उद्देश्य निहायत गन्दे थे और उन उद्देश्यों की पूर्ति करने में उसने मूर्खता का परिचय दिया। किन्तु प्रश्न यह था, क्या मनुष्य जाति एशिया की सामाजिक स्थिति में बुनियादी क्रान्ति किए बिना अपनी नियति पूरी कर सकती है? यदि नहीं, तो इंग्लैण्ड ने जो अपराध किया हो, उस क्रान्ति को सम्पन्न करने में वह अनजाने ही इतिहास का साधन बना।[2]

अँग्रेजों ने भारत आकर अपने उपनिवेश की रक्षा के लिए जहाँ एक ओर भारतीय धन को लूटकर आर्थिक दृष्टि से खोखला कर दिया वहाँ दूसरी ओर उपनिवेश की रक्षा और व्यापार की समृद्धि के लिए कानून बनाया, भूमि का नया बन्दोबस्त किया, रेल, डाक, तार का जाल बिछाया और अँग्रेजी शिक्षा का प्रसार किया। जिससे प्रकारान्तर से भारत का आधुनिकीकरण हुआ।

अँग्रेजों ने अपने ढंग से, अपनी सुविधा के लिए, भारत के आर्थिक, सामाजिक और राजनीतिक ढाँचे को बदलना चाहा। जमीन के नए बन्दोबस्त के कारण अब उसका क्रय-विक्रय किया जा सकता था। वह व्यक्तिगत सम्पत्ति के रूप में बदलने लगी। खेती भी व्यवसाय बन गया। अँग्रेजों को भारत से कच्चा माल चाहिए था। इसलिए कपास, जूट और नील की खेती पर उन्होंने बल दिया। डरे हुए किसान उनके कथनानुसार नील की खेती करते थे। अँग्रेज कच्चा माल सस्ते दामों में लेकर विदेश भेजते थे और वहाँ से तैयार माल लेकर भारत में अच्छे दामों पर बेचते थे। बंगाल में अँग्रेजों की इस नीति का विरोध हुआ। गाँधीजी का सत्याग्रह आन्दोलन भी मुख्यरूप से इसी का विरोध था।

इसका परिणाम यह हुआ कि समाज दो वर्गों में विभक्त हो गया–उच्चवर्ग और निम्नवर्ग। इन वर्गों में नए सम्बन्ध भी बनने लगे। उच्चवर्ग में जमींदार, तालुकेदार, महाजन आदि आते हैं तो निम्नवर्ग में छोटे-छोटे किसान, खेतिहर, मजदूर आदि। विडम्बना तो यह है कि इन दोनों वर्गों के बीच सीधा सम्बन्ध नहीं था। बिचौलिए के कारण जमींदारों और किसानों के बीच का सहज सम्बन्ध समाप्त हो गया था। अँग्रेज तो सबसे ऊपर थे। आर्थिक संरचना का जो नया रूप सामने आया वह न तो पूँजीवादी था और न ही सामन्तवादी और न ही मुगलों की पुरानी व्यवस्था की कोई कड़ी था। अँग्रेजों ने इस नए ढाँचे के तहत टैक्स पर टैक्स लगा दिया। भारत धीरे-धीरे अकाल के मुँह में जाने लगा। छिटपुट किसानों ने विद्रोह किया लेकिन उसे स्वयं जमींदार और तालुकेदार ही दबा देते थे। जिसका प्रभाव आधुनिक-साहित्य, विशेष तौर से छायावादी साहित्य में दिखाई देता है। अँग्रेजों ने धीरे-धीरे भारतीय उद्योग-धन्धों को नष्ट करके यहाँ की जनता को पराश्रित बना दिया। परिणाम यह हुआ कि सोने की चिड़िया कहा जानेवाला देश गरीबी की

सीमा रेखा के नीचे चला गया।

बुद्धिजीवी वर्ग ने प्रेस और समाचार-पत्रों के माध्यम से इसका विरोध करना शुरू किया (यद्यपि प्रेस खोलने, समाचार-पत्र निकालने में वैपटिस्ट मिशन के प्रचारक कैरे के सराहनीय कार्य को भुलाया नहीं जा सकता)–विचारों की वह स्वतन्त्रता अँग्रेज अधिकारियों को सहन नहीं हुई। उन्होंने आज्ञा-पत्र जारी कर इसे रोकना चाहा। इसका विरोध स्वयं बकिंघम नामक एक अँग्रेज ने अपने पत्र 'कलकटा जर्नल' के माध्यम से किया। बाद में राजा राममोहन राय ने इसके विरोध में आवाज उठाई। इसके विरुद्ध न्यायालय में एक याचिका दायर कर दी। यह एक संवैधानिक कदम था। रमेश चन्द्र दत्त का कहना है कि संवैधानिक ढंग से अधिकार प्राप्ति का आरम्भ यहीं से होता है।

राष्ट्रीय आन्दोलन की नींव तो राजा राममोहन राय के प्रगतिशील विचारों के कारण पड़ ही चुकी थी। इसका परिणाम यह हुआ कि ब्रिटिश शासन के पहले 100 वर्षों का इतिहास विद्रोहों का इतिहास बन गया। किन्तु ये छोटे-छोटे विद्रोह तथाकथित उच्चवर्गों द्वारा दबा दिए गए। इनकी उपलब्धि यह थी कि इस प्रकार से भारत में विरोधों की एक अटूट परम्परा कायम हो गई।

इन विद्रोहों की परिणति 1857 के व्रिदोह में हुई। इसमें किसानों, कारीगरों और सैनिकों ने लाखों की संख्या में भाग लिया। चर्बी लगे कारतूस का प्रकरण, भारतीय जनता के मन में छिपे साम्राज्य विरोधी भावनाओं के लिए चिनगारी बन गया। भारतीय जनता को किसी उच्च पद पर नहीं रखा जाता था, किसी भी व्यक्ति की तनख्वाह साठ-सत्तर रुपया से ज्यादा न थी। सिपाहियों का यह गदर क्रान्तिकारी रूप लेता गया। भारतीय सरदारों और जमींदारों ने भी इसमें हिस्सा लिया और मुगल सम्राट बहादुरशाह जफर के प्रति अपनी वफादारी दिखाई। 1857 ई. के विद्रोह का एक महत्त्वपूर्ण पक्ष हिन्दू-मुस्लिम एकता थी। यह इस बात को सिद्ध करता है कि भारत के लोग मध्यकाल में या 1858 के पहले साम्प्रदायिक नहीं थे। 1859 के अन्त तक भारत पर पूरी तरह ब्रिटिश शासन स्थापित हो चुका था। विद्रोह अपने में असफल रहा। पर साम्राज्यवादियों के विरुद्ध भस्मावृत्त चिनगारी जीवित रह गई। इससे लोगों में गलत बातों के विरोध का साहस उत्पन्न हुआ। राजा राममोहन राय को रवि बाबू आधुनिक भारत का निर्माता और नवजागरण का अग्रदूत मानते हैं।

भारतीय जनता में अँग्रेजों का विरोध करने की चेतना, अब तक सुषुप्तावस्था में थी, जाग्रत होने लगी। 1857 के विद्रोह के बाद अनेक जन-आन्दोलन हुए। आदिवासी विद्रोह, 1859-60 का बंगाल का नील आन्दोलन, 1866-68 दरभंगा

और चम्पारन में नील-आन्दोलन, 1872 से 76 में बंगाली किसानों का लगान न देने के लिए एकबद्ध होकर जमींदारों पर आक्रमण, 1875 में महाराष्ट्र के पूना और अहमद नगर में जमीन सम्बन्धी एक बड़ा उपद्रव आदि के अनेक छोटे-छोटे विद्रोह राष्ट्रीय आन्दोलन की नींव के पत्थर बन गए। यह सही है कि उन्नीसवीं शताब्दी का कोई भी किसान-आन्दोलन भारत में अँग्रेजों की सर्वोच्चता के सामने खतरा नहीं बन सका। लेकिन उन्होंने अँग्रेजों की कूटनीति और अन्याय का डटकर मुकाबला किया। कहा जा सकता है कि भारतीय शिक्षित जनता की अपेक्षा ये अपढ़ गँवार किसान अँग्रेजों की नीति को ज्यादा अच्छी तरह समझते थे। उनको सफलता नहीं मिली, क्योंकि अँग्रेजों के पास दुनिया भर के अस्त्र-शस्त्र थे जो किसानों के विश्वास, साहस, वीरता और त्याग पर भारी पड़े। "उनके पास कोई विचारधारा नहीं थी–उपनिवेशवाद से जन्मी नई सामाजिक शक्तियों के विश्लेषण पर आधारित कोई नया सामाजिक, आर्थिक या राजनीतिक कार्यक्रम नहीं था। उनमें समाज और जीवन जीने के नए ढंग की उस स्पष्ट अवधारणा का अभाव था जो बड़े पैमाने पर लोगों को संगठित कर सके।"[3]

1857 के विद्रोह की असफलता से यह बात साफ हो गई कि उच्चवर्ग के नेतृत्व में होनेवाला परम्परागत राजनैतिक प्रतिरोध सफल नहीं हो सकता। उपनिवेशवाद के विरोध के लिए नए तरीकों की आवश्यकता थी। 1858 के बाद ब्रिटिश शासन दिन-पर-दिन अधिक प्रतिक्रियावादी होता गया। इसका विरोध जैसाकि लिखा जा चुका है, किसानों में स्वाभाविक रूप से हुआ, बौद्धिक-वर्ग में इस चेतना का विकास बहुत धीरे-धीरे हुआ। 1858 से 1885 तक देश में अलग-अलग क्षेत्रों में राजनीतिक जागरण से सम्बद्ध संस्थाएँ बनीं। किन्तु अब एक ऐसे मंच की आवश्यकता थी, जहाँ से राजनीतिक, सामाजिक और आर्थिक समस्याओं पर एकजुट होकर विचार-विमर्श हो सके। दादा भाई नौरोजी, न्यायमूर्ति रानाडे, फिरोजशाह मेहता, रहमतुल्लाह मुहम्मद खयानी, झवेरीलाल, उमाशंकर याग्निक, के.टी. तैलंग, सुरेन्द्रनाथ बैनर्जी, आनन्द मोहन बोस, लालमोहन घोष, डब्ल्यू.सी. बैनर्जी, कालीचरण बैनर्जी, जी. सुब्रह्मण्यम अय्यर और आनन्द चारलू–इन सब नेताओं ने 1885 में बम्बई में के.ओ. ह्यूम की सहायता से भारतीय राष्ट्रीय काँग्रेस की स्थापना की। काँग्रेस की स्थापना के पीछे ह्यूम का उद्देश्य–'एक ऐसी सुरक्षा तालिका की व्यवस्था करना था जिसके माध्यम से शिक्षित भारतीयों का बढ़ता हुआ असन्तोष बाहर निकलता जाय। उन्होंने शिक्षित वर्ग के असन्तुष्ट राष्ट्रवादियों और असन्तुष्ट किसानों को एक साथ होने से रोकना चाहा।'[4] भारतीयों ने भी ह्यूम का इस्तेमाल विद्युत प्रतिरोधक (लाइटनिंग कंडक्टर) के रूप में करने

की सोची क्योंकि भारतीय राष्ट्रीय काँग्रेस की स्थापना कोई भारतीय उस ऐतिहासिक परिस्थिति में कर ही नहीं सकता था। यदि काँग्रेस का संस्थापक एक महान् अँग्रेज और अवकाशप्राप्त अधिकारी न होता तो यह सम्भव था कि कोई भी राजनीतिक आन्दोलन आरम्भ में ही दबा दिया जाता।

व्यापक राष्ट्रीय आन्दोलन के लिए अभी गुंजाइश नहीं थी। काँग्रेस का सबसे बड़ा उद्देश्य था–ज्यादा-से-ज्यादा लोगों में राष्ट्रवादी भावना को जगाना, उसे गहराना और राष्ट्रवादी राजनीति में भारतीय जनता को अधिक संख्या में लाना। इसलिए उन्होंने सबसे पहले जनता को राजनीति से जोड़ना प्रारम्भ किया। उन्होंने आर्थिक दृष्टि से देश की मजबूती के लिए आन्दोलन किए। उच्च पदों पर भारतीयों को बिठाने और बड़े पैमाने पर जन-कल्याण सम्बन्धी कार्यक्रमों को करने की माँग की खेतिहर मजदूरों की समस्याओं को जिन्हें विदेशी शासकों और जमींदारों ने गुलाम बना लिया था, उन्होंने अपने हाथ में ले लिया। ध्यान देने की बात है कि उस समय कारखानों में काम करनेवाले मजदूरों की ओर किसी की दृष्टि नहीं गई। 1893 में मोहनदास करमचन्द गाँधी ने मानवीय अधिकारों के लिए जनव्यापी संघर्ष किया, जिसका समर्थन राष्ट्रीय काँग्रेस ने भी किया।

ब्रिटिश सरकार की यह नीति रही है कि भारतीय नागरिकों को असहाय बनाकर उनके सारे अधिकार अपने हाथों में ले ले। भारतीय नागरिक भाषण नहीं दे सकते थे, समाचार-पत्रों में अपने विचार व्यक्त नहीं कर सकते थे, राजनीतिक संगठन नहीं बना सकते थे। इसका विरोध भी राष्ट्रीय काँग्रेस ने बड़े पैमाने पर किया। तिलक की गिरफ्तारी (1897) इसी कारण हुई थी। इसके फलस्वरूप तिलक रातोंरात अखिल भारतीय स्तर के लोकप्रिय नेता हो गए। अधिकारों की यह माँग एक स्वशासी सरकार की माँग में बदल गई। इसके लिए उन्होंने संवैधानिक परिवर्तन के लिए दबाव डाला। इस दबाव के तहत ही ब्रिटिश सरकार ने पुरानी व्यवस्था में संशोधन करने के लिए नया भारतीय विधान परिषद विधेयक 1892 में पास किया।

इन आन्दोलनों का प्रभाव शहरों तथा शिक्षित भारतीयों तक ही सीमित था। ये नेता राजनीति के लिए सामान्य जनता को अक्षम समझते थे। यही कारण है कि सीमित आधार पर ही सही इनकी यह प्रारम्भिक चेष्टा असफल रही। एक कारण यह भी है कि ये निरन्तर धनाभाव में रहे और कानूनी आन्दोलन में विश्वास करते रहे। चूँकि इनके नेताओं का यह विश्वास था कि जनता में राजनीतिक जागरूकता संवैधानिक आन्दोलन के चौखटे में रखकर ही हो सकती है। कानून तोड़ना उनके बूते का नहीं था, इसलिए उन्हें नरम दल की संज्ञा दी गई।

काँग्रेस की स्थापना से क्रान्तिकारी परिवर्तन तो नहीं आया, लेकिन आम जनता में स्वतन्त्रता पाने की लालसा अवश्य जाग्रत हुई। वह सक्रिय हो उठी। छिटपुट आन्दोलनों और विरोधों के कारण अँग्रेज बौखला गए। काँग्रेसी नेताओं पर अनेक आरोप लगाए गए। दादाभाई नौरोजी ने जब ब्रिटिश सरकार का पर्दाफाश किया तो अँग्रेजों ने उन्हें गालियाँ दीं। वायसराय कर्जन ने 1900 में घोषणा की कि काँग्रेस अपनी मौत की घड़ियाँ गिन रही है। भारत में रहते हुए मेरी एक सबसे बड़ी तमन्ना है कि मैं उसे शान्तिपूर्वक मरने में मदद कर सकूँ। राष्ट्रीय आन्दोलन का मुकाबला करने के लिए ब्रिटिश सरकार ने 'फूट डालो और राज करो' की नीति पर बहुत बल दिया। उन्होंने परम्परागत सामन्ती वर्ग को नए शिक्षित वर्ग से, एक प्रान्त को दूसरे प्रान्त से, एक जाति को दूसरी जाति से और एक गुट से दूसरे गुट को लड़ाने का भरपूर प्रयत्न किया।

युद्धोन्मुखी राष्ट्रीयता

उन्नीसवीं शताब्दी के उत्तरार्द्ध में जनता की राजनीतिक चेतना तेजी से विकसित हुई। पर ब्रिटिश शासन की जकड़बन्दी में कमी नहीं आई। युवकों (जो पढ़े-लिखे बेरोजगार थे और जो परीक्षा में असफल थे) में नौकरी न पाने की वजह से निराशा घर करने लगी थी। किसानों, मजदूरों की मनःस्थिति भी सन्तोषजनक नहीं थी। इन्हीं परिस्थितियों में गर्म-दलीय नेताओं का आगमन हुआ। ये राष्ट्रीयता के युद्धोन्मुखी रूप में विश्वास करते थे। नरमपन्थी नेताओं को शिक्षितों और शहरों का सहयोग मिला तो गरमपन्थियों को निम्न-मध्यवर्ग, छात्रों और किसानों-मजदूरों का।

इस दौर में विदेशों की कुछ घटनाएँ भी इन नेताओं के लिए एक नई राह का निर्माण कर रही थीं। 50 वर्षों से कम की अवधि में जापान एक औद्योगिक राष्ट्र और मजबूत सैनिक शक्ति बन गया था। 1826 में इटली पर इथोपिया की तथा 1905 में रूस पर जापान की विजय से यह चेतना जगी कि गोरों में कोई खास वैशिष्ट्य और शक्ति-सम्पन्नता नहीं है। गोरे लोग भी काले लोगों के समान हैं। गोरों को काले पराजित कर सकते हैं।

गरम दल के सबसे बड़े नेता थे बाल गंगाधर तिलक। उन्होंने जनमत को अपने पक्ष में बदला, युवकों को अपनी ओर आकृष्ट किया, किसानों को जागरूक बनाया। अपनी विचारधारा के प्रचार-प्रसार के लिए अँग्रेजी में 'मराठा' और मराठी में 'केसरी' पत्र निकाले। ऐसी स्थिति में अँग्रेजों ने उन्हें जेल में ठूँसकर अनेक यातनाएँ दीं। स्वामी विवेकानन्द राजनीतिज्ञ तो नहीं थे पर उनके प्रवचनों से देश में आत्मसम्मान का भाव जागा और व्यक्ति को भी अपनी शक्ति का बोध हुआ।

उन्होंने लोगों को अतीत के मोह से मुक्त करके भविष्य का सपना दिखाया। इनके अतिरिक्त विपिन चन्द्र पाल, अरविन्द घोष, लाला लाजपत राय ने भी क्रान्तिकारी ढंग से अँग्रेजों का विरोध शुरू किया।

उग्रपन्थी नेताओं के विरोधों और माँगों से परेशान होकर अँग्रेजों ने अपनी नीति में अपने परिवर्तन किए। ये नेता जिन आदर्शों के द्वारा एक नई दुनिया के निर्माण का सपना देख रहे थे, अँग्रेजों ने उन्हीं पर आक्रमण किया। 'फूट डालो और राज करो' की नीति तो उन्होंने पहले से ही अपना रखी थी, अब प्रान्तों का विभाजन करके जनता को संगठित होने से रोकने की कोशिश करने लगे। कर्जन ने बंगाल को दो टुकड़ों में विभाजित कर दिया। संयुक्त बंगाल एक शक्ति था। विभाजित हो जाने पर वह एकजुट नहीं हो पाएगा। वह परस्पर विरोधी मार्गों पर चल निकलेगा। इस प्रकार से ब्रिटिश शासन का विरोध करनेवाला एक ठोस आधार कमजोर पड़ जाएगा। कर्जन ने 1905 में सक्रिय विभाजन के लिए अपनी सहमति दे दी। इसका विरोध सभी नेताओं ने किया। लेकिन उग्रपन्थियों ने बहिष्कार का निर्णय ले लिया। 16 अक्टूबर 1905 को राष्ट्रीय शोक मनाया गया। 'वन्दे मातरम्' और टैगोर के गीतों को गाते लोगों ने फेरी लगाई। हिन्दू-मुस्लिम भी एक हो गए। तिलक ने जोर देकर कहा कि स्वदेशी बहिष्कार और राष्ट्रीय शिक्षा का लक्ष्य स्वराज-प्राप्ति है। नेताओं के इस बहिष्कार से स्वतन्त्रता की लड़ाई की हवा तेज हो गई। बाद में इन्होंने विदेशी कपड़े जलाए, विदेशी वस्तुओं पर रोक लगायी और उसकी पूर्ति के लिए कुटीर उद्योगों को प्रोत्साहन दिया। सांस्कृतिक परिवर्तन की दिशा में नई जागृति आई, साहित्य में राष्ट्रीयता की अनुगूँज सुनाई पड़ने लगी। पत्रकारिता विकसित हुई। इस बहिष्कार से देश में राष्ट्रीयता की लहर दौड़ पड़ी, विभिन्न जातियों-धर्मों में एकता आई। बंगाल का विभाजन वापस लेना पड़ा। इससे नरम और गरम दल में फूट पैदा हो गई, यह दूसरी बात है।

इसके बाद तो देश सांस्कृतिक और सामाजिक परिवर्तन की ओर तेजी से अग्रसर हुआ। स्कूल और कॉलेज खोले गए। संघर्ष के लिए काँग्रेसी तैयार हो गए थे, लेकिन किसानों और मजदूरों का सहयोग उन्हें अब भी नहीं प्राप्त था। फिर भी किसानों और मजदूरों के स्वतन्त्र विद्रोह (नील आन्दोलन, बंगाल के मिलों में काम बन्द की लहर) का सिलसिला जारी रहा। बाद में उन्हें लोकमान्य तिलक का सहयोग भी मिला। इन उपलब्धियों का परिणाम यह हुआ कि बौखलाए हुए अँग्रेज तरह-तरह से जनता को सताने और प्रोत्साहित करने लगे। इस संघर्ष से युवावर्ग सबसे अधिक प्रभावित हुआ। वे बेरोजगार हो गए थे। पढ़ाई में अनेक दिक्कतें आने लगीं। फलस्वरूप इस वर्ग ने क्रान्तिकारी कदम उठाए। स्त्रियाँ पहली बार पर्दे से

बाहर आकर जुलूस और धरने में शामिल हुईं। मुसलमानों ने भी इसमें बराबर हिस्सा लिया।

यद्यपि राष्ट्रीय आन्दोलन के इतिहास में युद्धोन्मुखी नेताओं ने एक नया अध्याय जोड़ा, फिर भी राष्ट्रीय संगठन से देश वंचित था। तिलक जैसे नेता भी इससे विमुख थे। सरकार ने और दमनकारी नीति अपना ली। जिससे विद्रोही मन:स्थितिवाले युवकों ने आतंकवादी प्रवृत्ति अपना ली। अरविन्द घोष के नेतृत्व में काम करते हुए युवकों को लगा कि सविनय अवज्ञा और संवैधानिक आन्दोलन से कुछ नहीं होनेवाला है। आज की परिस्थिति को देखते हुए यह तो अवश्य कहना चाहिए कि वे आतंकवादी हिंसा पर आधारित क्रान्ति नहीं करना चाहते थे। उन्होंने रूसी बोल्शेविकों की तरह केवल उन अधिकारियों को अपना शिकार बनाया जो भारत विरोधी रवैये अपनाने के लिए बदनाम थे। इन क्रान्तिकारियों का मत था कि भारत को केवल यह सबक सीखने की जरूरत है कि कैसे मरा जाता है और इसको सिखाने का केवल एक ही तरीका है—स्वयं मरना। अपने इसी आदर्श पर चलते हुए उन्होंने सफलता भी पाई। बंगाल का विभाजन 1911 में रद्द हो गया। इसके पीछे अँग्रेजों की कूटनीति भी थी। और वे नरमपन्थी और गरमपन्थी नेताओं को आपस में लड़ा रहे थे। साम्प्रदायिकता बुरी तरह से फैलने लगी थी। यह ध्यान देने की बात है कि इसके पहले साम्प्रदायिकता की आग इस बड़े पैमाने पर नहीं लगी थी। मुस्लिम लीग (1906 ई.) की स्थापना भी इन्हीं अँग्रेजों के कारण हुई थी।

सन् 1914 में प्रथम विश्वयुद्ध प्रारम्भ हुआ। इसमें जर्मनी-तुर्की एक ओर थे और ब्रिटेन, फ्रांस, रूस, अमेरिका (जो बाद में युद्ध में सम्मिलित हुआ) आदि दूसरी ओर। साम्राज्यवादियों के दोनों शिविर अपने साम्राज्य का विस्तार करने के लिए लड़ रहे थे, यद्यपि दोनों का दावा था कि वे सभी देशों की स्वतन्त्रता, स्वराज्य और विकास के लिए लड़ रहे हैं। भारतवर्ष के सभी चोटी के नेताओं ने—तिलक, दादाभाई नौरोजी, फिरोजशाह मेहता, भूपेन्द्रनाथ बसु, महात्मा गाँधी आदि ने—भारतवासियों से अपील की कि वे इस युद्ध में तन-मन-धन से ब्रिटेन की सहायता करें। अपनी 'अपील' में वे कुछ रियायतें भी माँगते रहे। किन्तु युद्धोपरान्त अँग्रेजों ने भारतवासियों की कोई बुनियादी माँग नहीं मंजूर की।

साम्राज्यवादियों की प्रकृति को जानते हुए तिलक ने 1916 में होमरूल लीग की स्थापना की। यद्यपि एनी बेसेण्ट ने 1914 में लन्दन में होमरूल लीग की स्थापना की थी फिर भी तिलक और एनी बेसेण्ट के होमरूल में बुनियादी अन्तर था। एनी बेसेण्ट ब्रिटिश में कामनवेल्थ के अन्तर्गत घरेलू स्वराज्य की माँग कर रही थीं, जबकि तिलक का होमरूल पूर्ण स्वराज्य का पक्षधर था। इस समय तिलक

देश के सबसे अधिक शक्तिशाली और प्रभावशाली नेता थे। इसे स्वयं तत्कालीन भारत सचिव माण्टेग्यू ने (1917) अपनी डायरी में स्वीकार किया है।

सन् 1918 में तिलक का अँग्रेजों की नेकनीयती से मोहभंग हो गया। उन्होंने पूना की एक सभा में भाषण करते हुए कहा, "अँग्रेज आपसे सिर्फ यह चाहते हैं कि आप उन्हें सिपाही भेजते रहिए जो उन्हें युद्ध के लिए चाहिए। वे हमसे कहते हैं कि 'भारत के सर पर मुसीबत मँडरा रही है। उससे हमें क्या? हम इस भारत की रक्षा के लिए आगे क्यों आएँ जिसमें हमें कोई अधिकार नहीं, जिसमें हमारे साथ गुलामों जैसा बरताव किया जाता है?'...नौकरशाही ने सारे राष्ट्र को रौंद डाला है। हम इन आदमियों की शक्ति बढ़ाने के लिए सिपाही बनने को तैयार नहीं। हम अपने आदमियों से क्या कहें? क्या यह कहें कि इन अँग्रेजों के जुल्म को ताकतवर बनाने के लिए फौज में भरती हो जाओ?"[5]

महात्मा गाँधी का भारतीय राजनीति में प्रवेश एक चमत्कारपूर्ण घटना है। उनके पहले लोकमान्य तिलक सर्वाधिक महत्त्वपूर्ण नेता थे। सन् '20 में उनकी मृत्यु हो गई। उसके बाद वे धीरे-धीरे राष्ट्रीय काँग्रेस पर ही नहीं भारतीय जनमानस पर छा गए। स्वराज्य प्राप्ति होने के समय तक उनके सामान्य किन्तु असाधारण व्यक्तित्व का ज़ादू कम नहीं हुआ।

आरम्भ में वे जवाहरलाल नेहरू को 'अपरिचित' भिन्न और अराजनैतिक लगते थे। "लेकिन यह अपरिचय एक वरदान था। उन्हें लेकर लोग भ्रम के शिकार इसलिए नहीं हुए कि वह नरमपन्थी थे और कुछ दूर तक उग्रपन्थी भी। उनकी संयमित आदतें, साधुवत सम्मोहन, इन सबका जनता पर असर पड़ा और उसने उन्हें अपने हृदय में बैठा लिया। गाँधीजी ने अपनी जड़ें मजबूती के साथ गड़ाईं और उसी से उन्होंने अपार शक्ति का संचय किया।"[6]

दक्षिण अफ्रीका से भारत लौटने के बाद गाँधीजी ने यहाँ पर भी सत्य और अहिंसा के प्रयोग किए। 1917 में चम्पारन और 1918 में गुजरात के काहिरा में किसान आन्दोलन में उन्हें सफलता मिली। अँग्रेजों ने किसानों की माँगें मान लीं। काहिरा आन्दोलन से सरदार बल्लभ भाई पटेल गाँधीजी से इतने प्रभावित हुए कि उनके अनुयायी बन गए। अब वे जनता के बहुत निकट पहुँच गए, जनता उनके आन्दोलन में सक्रिय साझेदारी करने लगी। गाँधीजी ने कहा—"मैं एक ऐसे भारत के लिए काम करूँगा जिसमें गरीब से गरीब लोग यह महसूस करेंगे कि उसके निर्माण में उनकी आवाज भी प्रभावकारी है।"

1919 में रोलट एक्ट का विरोध करने के लिए गाँधीजी ने सत्याग्रह करने का निश्चय किया। देश पर इसका बहुत गहरा प्रभाव पड़ा। पंजाब में सत्याग्रह का

ज्वालामुखी फूट पड़ा, हिंसात्मक घटनाएँ हुईं। अँग्रेजों ने आन्दोलन को कुचल देने के लिए कोई अत्याचार बाकी न रखा। 13 अप्रैल को इसके विरोध में जलियाँवाले बाग में एक बड़ी सभा हुई, किन्तु बाग के सभी फाटकों को बन्द कर अँग्रेजी फौज ने निहत्थे सभाइयों पर अन्धाधुन्ध गोलियाँ चलाईं। इसमें हजारों बेगुनाह लोग मौत के घाट उतार दिए गए। गाँधीजी को पंजाब जाने की अनुमति नहीं दी गई। रवि बाबू ने इस नरसंहार के विरोध में 'नाइट हुड' का सम्मान वापस कर दिया। डायर के इस अत्याचार के सम्बन्ध में गिलवर्ट स्टेलर ने लिखा कि "डायर ने पंजाब बचा लिया और भारत खो दिया।" गाँधीजी खिलाफत आन्दोलन में शामिल हो गए, किन्तु देश का हिंसात्मक परिवेश उन्हें राहत न आया और उन्होंने इसे 'हिमालय जैसी बड़ी भूल' कहकर आन्दोलन को स्थगित कर दिया।

20-22 तक असहयोग आन्दोलन का जबरदस्त दौर चला। सारे देश में किसानों के आन्दोलनों ने ब्रिटिश सरकार को बेहद परेशान कर दिया। काँग्रेस माण्टेग्यू-चेम्सफोर्ड सुधार के विरोध में डँट गई। सन् 21 में भारत में 'प्रिंस ऑफ वेल्स' को इसलिए भेजा गया कि राजा भक्त प्रजा आन्दोलन से विरत हो जाय। किन्तु प्रिंस ऑफ वेल्स का स्वागत हड़तालों से हुआ। 22 में चौरा-चौरी काण्ड से दुःखी होकर गाँधीजी ने सत्याग्रह वापस ले लिया। सुभाषचन्द्र बोस और जवाहरलाल नेहरू इससे बहुत नाराज हुए।

काँग्रेसी आन्दोलन के अतिरिक्त देश में किसानों, क्रान्तिकारियों, मजदूर संगठनों के भी हिंसक-अहिंसक आन्दोलन होते रहे। क्रान्तिकारियों में भगत सिंह की फाँसी ने देश को झकझोरकर रख दिया। साइमन कमीशन का देशव्यापी बहिष्कार (27), बारडोरी का सत्याग्रह (27), नमक सत्याग्रह (30) ने गाँधी के सिद्धान्तों की गहरे अर्थों में पुष्टि कर दी। 1931 से पुनः सत्याग्रह और उसकी असफलता। द्वितीय महायुद्ध में काँग्रेस ने उपनिवेशवादी अँग्रेजों की सहायता नहीं की। गाँधी के अहिंसा और सत्याग्रह के जादू का प्रभाव पठानों पर पड़ा। खान अब्दुल गफ्फार खाँ के नेतृत्व में ये भी गाँधीजी के साथ हो गए। सन् 1947 में अँग्रेजों ने भारत को विभाजित करके इसके शासन की बागडोर यहाँ के लोगों को सौंप दी।

देश की स्वतन्त्रता की लड़ाई में काँग्रेस के अतिरिक्त अन्य बहुत से व्यक्तियों और दलों ने सहयोग किया। भारत को स्वतन्त्र कराने का श्रेय क्रान्तिकारियों, किसान-मजदूर सभाओं, नौसैनिक-विद्रोह, भारत छोड़ो आन्दोलन, सुभाष बाबू की आजाद हिन्द फौज आदि का किसी से कम योगदान नहीं है। पर देश के समाज, संस्कृति, आचार-विचार, नवजागरण पर जो समग्र प्रभाव गाँधीजी का पड़ा उसकी मिसाल दुनिया भर में नहीं है।

गाँधीजी केवल राजनीतिक नेता नहीं थे। वे इस देश के जातीय जीवन की सम्पूर्ण अभिव्यक्ति थे। जवाहरलाल नेहरू ने उनके सम्बन्ध में ठीक ही लिखा था–"वे किसी महत्तर शक्ति के वाहक और प्रतिमूर्ति जान पड़ते थे, जिसे शायद वे स्वयं धुँधला-सा ही पहचानते थे। क्या वह शक्ति भारत की आत्मा है, हजारों वर्षों से हमारी जाति के जीवन में संचित आत्मा, हजारों पीड़ित जिन्दगियों की स्मृति है?"[7]

वे गहरे अर्थों में धार्मिक और अध्यात्मवादी थे। रामचरितमानस और गीता उनकी प्रेरणा के केन्द्र थे। इस्लाम भ्रातृत्व पर उनकी आस्था थी। उनके अहिंसा-सिद्धान्त पर ईसाइयत की स्पष्ट छाप देखी जा सकती है। वामपन्थी दल आजकल जिन मध्यकालीन भक्तों के विचारों को लेकर चलने की बात कर रहे हैं, गाँधीजी के जीवन और क्रिया-कलापों में वे दूध और मिश्री की तरह घुले-मिले थे। वे विभिन्न वर्णों, वर्गों में समान रूप से प्रिय थे। रहस्यवाद भी उनमें कम न था।

गाँधीजी ने प्रकारान्तर से सौन्दर्य-चिन्तन भी किया है। उनका सौन्दर्य नैतिकता और धार्मिक सिद्धि के साथ सम्बद्ध है। वे कला सत्य को अनुस्यूत कर उसे ईश्वर प्राप्ति के बराबर मानते हैं। वे कुरूप सुकरात में आन्तरिक सौन्दर्य का साक्षात्कार करते हैं। 'जीसस' को वे सर्वश्रेष्ठ कलाकार कहते हैं।

काँग्रेस की स्थापना के पूर्व भारतवर्ष में नवजागरण की ज्योति फूट चुकी थी। इस नवजागरण का मूलभूत उद्देश्य भारतेन्दु हरिश्चन्द्र के शब्दों में 'स्वत्व निज भारत है' था। इसके पीछे धार्मिक, सांस्कृतिक और ऐतिहासिक तत्त्व भी क्रियाशील थे। भारतेन्दु से लेकर छायावाद काल तक के कवियों में इन तत्त्वों को देखा जा सकता है। नवजागरण के महापुरुषों और संस्थाओं का अन्तर्बाह्य इन्हीं तत्त्वों से बुना हुआ था। पर सबका उद्देश्य प्रत्यक्ष या प्रच्छन्न रूप से 'स्वत्व निज भारत गहे' ही था। राष्ट्रीय काँग्रेस के प्रमुख नेताओं–लोकमान्य तिलक और महात्मा गांधी–नेता भी थे और नवजागरण (रेनेसां) पुरुष भी। इन तत्त्वों के माध्यम से नवजागरण के कर्णधार, नेता और लेखक भारतीय अस्मिता की प्रतिष्ठा भी कर रहे थे और उपनिवेशवाद की आलोचना भी।

आचार्य शुक्ल ने कहा है कि भारतेन्दु के साहित्य में देशभक्ति का स्वर सबसे ऊँचा था। सम्भवतः राजनीति प्रेरित उनकी पहली कविता 'श्री राजकुमार शुभागमन-वर्णन' है जो 'प्रिंस ऑफ वेल्स' (एडवर्ड सप्तम) के भारत आगमन पर सन् 1876 में 'बाला बोधिनी' में प्रकाशित हुई थी। इसमें अतीत के शौर्य को याद करते हुए यह भी कहा गया है–

दुष्ट नृपति बल दल दली दीना भारत-भूमि!
लहिहैं आज अनन्त अति सुच पद-पंकज-चूमि।
साँचहु भारत में बढयो, अचरज सहित अनन्द,
निरखत पश्चिम में उदित आजु अपूरब चन्द।
जैसे आतप-तपित को छाया सुखद सुहात,
जवन राज को अंत सुच, आगम तिमि बरसात।

अँग्रेजी राज्य की स्थापना के पूर्व मुसलमान बादशाहों, नवाबों और अमीरों का गहरा आतंक छाया हुआ था। हिन्दू प्रजा बुरी तरह त्रस्त होकर अपमान का अनुभव कर रही थी। अँग्रेजी राज्य ने हिन्दुओं के घाव पर मरहम लगाया। अत: हिन्दुओं की प्रसन्नता अस्वाभाविक नहीं थी। मुसलमानों के अत्याचारों के पृष्ठों को इतिहास से लुप्त नहीं किया जा सकता। किन्तु भारतेन्दु ने इसी कविता में उदार राय अकबर की प्रशंसा की है। पर आर्थिक लूट और आतंक की उन्होंने भरपूर आलोचना की है–

अँग्रेज राज सुख साज सबै विधि भारी,
पे धन विदेश चलि जात यहै अति ख्वारी।

सन् सत्तावन के स्वतन्त्रता संग्राम को अँग्रेजों ने इतनी बुरी तरह कुचल दिया था कि उसका डर बहुत दिनों तक बना रहा–

कठिन सिपाही द्रोह अनल जा खल बल नासी।
जिन भय सिर न हिलाय सकत कहु भारतवासी ॥

इस सन्दर्भ में बंकिमचन्द्र के 'आनन्दमठ' का उल्लेख अप्रासंगिक न होगा। इससे यह सिद्ध होगा कि अन्य भाषा और साहित्य पर भी नवजागरण का प्रभाव पड़ा–बंगाल पर कुछ अधिक ही पड़ा। आनन्दमठ का प्रकाशन 1882 में काँग्रेस की स्थापना के तीन वर्ष पूर्व हुआ था। बंगाली चेतना के आधुनिकीकरण में बंकिम का योगदान अविस्मरणीय है। इस उपन्यास में मुसलमान शासकों और ब्रिटिश उपनिवेशवादियों का जमकर विरोध किया गया है। 'आनन्दमठ' का प्रसिद्ध गीत 'वन्देमातरम्' के उद्घोष के साथ फाँसी के फन्दे को सहर्ष गले लगा लिया था।

सन् 1900 से प्रकाशित होनेवाली 'सरस्वती' पत्रिका को तत्कालीन राजनीतिक-सामाजिक गतिविधियों का अलबम कहा जा सकता है। आरम्भ में 5-6 वर्षों में 'सरस्वती' में अँग्रेजी राज्य की प्रशंसा ही निकलती रही। अँग्रेजी राज्य की

प्रशंसा में काँग्रेस ने कम प्रस्ताव नहीं पारित किए थे। इन वर्षों में भी 'सरस्वती' में 'स्वराज्य' और 'स्वदेशी' की चर्चा होती रही। मन्नन द्विवेदी और मैथिलीशरण गुप्त जो 1912 में भारतभूमि की वन्दना के गीत लिखने लगे थे। यों 'सरस्वती' के लेखकों में सर्वाधिक गरिमामय कवि मैथिलीशरण गुप्त हैं।

उन्हें राष्ट्रीय चेतना का वैतालिक कहा गया है। पं. बालकृष्ण भट्ट तिलक से प्रभावित थे तो गुप्तजी महात्मा गाँधी से। महात्मा गाँधी की तरह वे भी आचार-विचार में वैष्णव थे। राजनेताओं ने स्वतन्त्रता की लड़ाई लड़ने के बाद भारतीयता की प्रतिष्ठा की आवश्यकता को इस अस्मिता के राजनीतिज्ञों से अधिक कवियों ने महसूस किया। अज्ञेय ने गुप्तजी के सम्बन्ध में इसी प्रसंग की ओर संकेत करते हुए कहा है–"हम यह तो कह सकते हैं कि अँग्रेजी सरकार का विरोध किए बिना भारतीयता की प्रतिष्ठा चाहनेवाले हेतु और हेतुमतू का सही रिश्ता नहीं पहचान पाए थे।...पर आर्थिक, राजनीतिक आधार को स्वीकार कर लेने पर भी यह बात नहीं करती कि बिना एक जीवन्त और प्रेरणाप्रद आत्म-बिम्ब के वह लड़ाई नहीं लड़ी जा सकती थी जो लड़ी गई, न वैसे लड़ी जा सकती थी जैसे लड़ी गई।"[8]

गुप्तजी की अधिकांश रचनाओं में इस आत्मबिम्ब को देखा जा सकता है। भारत भारती, जयद्रथ वध, द्वापर, यशोधरा, साकेत आदि में इसकी झाँकी मिलती चलती है। 'भारत भारती' (1912) उनकी अत्यन्त लोकप्रिय कृति रही है। इसके बारे में महावीर प्रसाद द्विवेदी ने स्वयं लिखा है–"वह काव्य हिन्दी साहित्य में युगान्तर उत्पन्न करनेवाला है। यह स्वदेश पर प्रेम उत्पन्न कर सकता है, यह सुख-समृद्धि और कल्याण की प्राप्ति में हमारा सहायक सिद्ध हो सकता है।..."[9] हम कौन थे, क्या हो गए और क्या होंगे अभी जैसे प्रश्न से तत्कालीन हिन्दी भाषा-भाषी मानस को देश-प्रेम की प्रबल प्रेरणा मिली।

'जयद्रथ वध' का केन्द्रीय वाच्य था–"न्यायार्थ अपने बन्धु को भी दण्ड देना धर्म है।" यह महाभारत की कथा के ऊपर ही नहीं है इसका ध्वन्यार्थ अँग्रेजी उपनिवेशवाद के विरुद्ध जाता है। साकेत पर तो गाँधीवादी सत्याग्रह और देशप्रेम का गहरा प्रभाव है। हिन्दू-मुसलमान एकता के लिए गुप्तजी ने 'काबा और कर्बला' लिखा। नन्ददुलारे वाजपेयी ने उन्हें जन समाज का प्रथम कृती कवि कहा है। मैथिलीशरण गुप्त के अनुज सियारामशरण गाँधीजी की सात्विकता की प्रतिमूर्ति हैं। उनका 'बापू' काव्य बापू की गरिमा देशभक्ति, मानवीयता को अत्यन्त सशक्त ढंग से रेखांकित करता है। नाथूराम शर्मा और गयाप्रसाद शुक्ल सनेही जैसे समस्यापूर्ति करनेवाले कवियों को राष्ट्रीय आन्दोलन ने देशभक्ति सम्बन्धी कविताएँ लिखने के

लिए बाध्य किया।

द्विवेदीयुगीन काव्य और छायावादी काव्य की मध्यवर्ती कड़ी हैं–श्रीधर पाठक, रामनरेश त्रिपाठी और मुकुटधर पाण्डेय। श्रीधर पाठक की कविताओं में देशभक्ति परक छन्द भी हैं और राजभक्ति परक रचनाएँ भी। इन तीनों कवियों में राजनीतिक चेतना या गाँधीवादी चेतना को काव्य के स्तर पर स्थापित करने का श्रेय रामनरेश त्रिपाठी को है। अभी तक राष्ट्रीय कविताओं में अपनी हीनता-दीनता के वर्णन और देशप्रेम के भावनात्मक चित्र दिखाई पड़ते थे। त्रिपाठीजी ने उन्हें अनुभूति से सम्पृक्त कर सरस और मर्मस्पर्शी बनाया। उनके तीनों खण्ड-काव्यों–मिलन, पथिक और स्वप्न पर गाँधीवाद का स्पष्ट प्रभाव है। इनमें क्रमशः विदेशी शासन की हृदयहीनता, एकतन्त्र की क्रूरता और विदेशी आक्रमण के त्रास का चित्रण है। प्रकृति की मोहकता से मिलकर ये चित्र मोहक हो उठे हैं। 'स्वप्न' में देशोद्धार के लिए युवापीढ़ी का आह्वान किया गया है। मुख्यतः यही पीढ़ी गाँधीजी के साथ थीं। कवि कहता है–

तुम अपने सुख के प्रबन्ध के हो न पूर्ण अधिकारी
यह मनुष्यता पर कलंक है प्रिय बन्धु तुम्हारी
पराधीन रहकर अपना सुख शोक न कह सकता है।
यह अपमान जगत् में केवल पशु ही सह सकता है ॥

वास्तविकता तो यह है कि युवावर्ग के सपने से ही देश को स्वतन्त्रता प्राप्त हुई है।

सुभद्रा कुमारी चौहान, गुरुभक्त सिंह और गोपालशरण सिंह इसी धारा के कवि हैं। सुभद्रा जी की प्रसिद्ध कविता–"खूब लड़ी मरदानी वह तो झाँसीवाली रानी थी"–हर जागरूक शिक्षित की जबान पर थी।

छायावाद के समय तक हिन्दी कविता अपने रूप, कथ्य, भाषा और अभिव्यंजना कौशल में बहुत कुछ बदल चुकी थी। महात्मा गाँधी की वैयक्तिकता, आत्मा की आवाज, मुक्तिवादिता का प्रभाव छायावाद पर पड़ा। किन्तु उनके सत्याग्रह और अहिंसा को सभी कवियों ने स्वीकार नहीं किया, विशेषतः निराला को यह स्वीकार्य न था। लेकिन वे गाँधीजी के प्रशंसक थे, इसे 'सुधा' में प्रकाशित उनकी टिप्पणियों में देखा जा सकता है।

'मुक्ति की चेतना' छायावाद की केन्द्रवर्ती विषय-वस्तु थी। छायावादी कवियों ने अपने को वैष्णवी भावुकता से मुक्त किया, छन्द के बन्धनों से मुक्त किया, रूढ़ियों के बन्धनों को तोड़ा, परतन्त्रता की बेड़ियों को तोड़ने में महत्त्वपूर्ण

पहल की। प्रसाद, निराला, पन्त में गाँधीजी से सबसे अधिक प्रभावित पन्तजी थे। पर तीनों कवियों ने भारतीय अस्मिता को अत्यन्त प्रभावशाली ढंग से रेखांकित किया।

उन्होंने वैष्णवी भावुकता को छोड़कर भारतीय दर्शनों को अपनाया। प्रसाद के व्यक्तित्व और कविताओं पर बौद्ध दर्शन और शैवागम का प्रभाव है तो निराला की कविताओं पर विवेकानन्दी अद्वैतवाद और शाक्त मत का। निराला में प्रपत्ति भाव भी दिखाई पड़ता है। पन्त प्रारम्भ में किसी दर्शन से प्रभावित नहीं प्रतीत होते। किन्तु बाद में गाँधी दर्शन, मार्क्सवादी दर्शन और अद्वैत दर्शन का प्रभाव उनकी कविताओं पर पड़ा है। इन दर्शनों के कारण भी उनकी कविताएँ जीवन की गहराई में पैठ सकी हैं। इनसे भारतीय अस्मिता का स्वरूप खड़ा करने में भी सुविधा हुई है।

प्रसाद ने भारतीय संस्कृति और इतिहास को अपने नाटकों में मुख्यरूप से चित्रित किया है। 'लहर' काव्य-संग्रह में 'बीती विभावरी जाग री' एक जागरण गीत है। 'लहर' की अन्तिम चार कविताओं में, जिनमें इतिहास के कुछ खण्ड दृश्य प्रस्तुत किए गए हैं। दो कविताएँ राजनीति प्रेरित हैं। ये कविताएँ हैं–शेर सिंह का आत्मसमर्पण और पेशोला की प्रतिध्वनि। उनकी सर्वश्रेष्ठ कृति 'कामायनी' में आनन्दवाद की प्रतिष्ठा की गई है। बुद्धिवाद का विरोध गाँधी-दर्शन में ही निहित है। इसके लिए अनातोले फ्रांस तक दौड़ लगाना एक प्रकार का बुद्धिवाद ही है। गाँधीजी आत्मा की आवाज या अन्त:प्रज्ञा के विश्वासी थे। विवेकानन्द के मतानुसार जब बुद्धि और हृदय में संघर्ष हो तो हृदय की बात माननी चाहिए। वे इमर्सन की इस बात को दुहराया करते थे कि "मूर्खतापूर्ण तर्क-मूलक संगति छोटे दिमागों का हौवा है।" कामायनी में भी हृदय या श्रद्धा की प्रमुखता है।

विज्ञान द्वारा सुख-साधनों की वृद्धि के साथ-साथ विलासिता और लोभ की असीम वृद्धि तथा यन्त्रों के परिचालन से जनता के बीच फैली हुई घोर अशक्तता, दरिद्रता आदि के कारण वर्तमान जगत् की जो विषम स्थिति हो रही है उसका भी थोड़ा आभास मनु की विद्रोही प्रजा के इन वचनों द्वारा दिया गया है–

प्रकृति शक्ति तुमने यन्त्रों की सबकी छीनी।
शोषण कर जीवनी बना दी जर्जर झीनी ॥

"वर्गहीन समाज की साम्यवादी पुकार की दबी-सी गूँज दो-तीन जगह है...।"[10]

निराला पर गाँधीवाद का कोई प्रभाव कम-से-कम कविता में परिलक्षित नहीं

होता, क्रान्तिकारियों का प्रभाव माना जा सकता है। अपनी अस्मिता की जितनी गहरी उद्बोधनात्मक पहचान निराला को है उतनी बहुत कम लोगों को होगी। उदाहरण के लिए–

हे नश्वर यह दीन भाव,
कायरता, कामपरता,
ब्रह्म हो तुम
पदरज भर भी नहीं है पूरा यह विश्वास ॥

x x x

पश्चिम की उक्ति नहीं गीता है गीता है।

'जागो फिर एक बार', 'बादल-राग', 'धारा' आदि उनके क्रान्ति गीत हैं। वह किसानों-मजदूरों का क्रान्तिकारी कवि हैं। सन् 40 के बाद की रचनाओं में राजनीतिज्ञों पर करारा व्यंग्य है, यद्यपि उनमें काव्यात्मक उत्कर्ष कम है।

पन्त 'युगान्त' (36) के पहले प्रकृति-सौन्दर्य के कवि थे। पर युगान्त, युगवाणी, ग्राम्या पर गाँधीवाद और मार्क्सवाद का प्रभाव देखा जा सकता है। काँग्रेस में वामपन्थी रुझान बढ़ रहा था। अतः मार्क्सवाद से प्रभावित होना अस्वाभाविक नहीं था। 'युगान्त' में 'बापू के प्रति' एक कविता है जो उनकी गाँधीवादी प्रवृत्ति की सूचक है–

साम्राज्यवाद था कंस, वन्दिनी
मानवता पशु बलाक्रान्त
शृंखला दासता, प्रहरी बहुत
निर्मम शासन–पद शक्ति भ्रान्त
कारागृह में दे दिया जन्म
मानव आत्मा को मुक्त, कान्त
जन शोषण की बढ़ती यमुना
तुमने की नत-पद-प्रणतशान्त।

'युगवाणी' पर गाँधीवाद और मार्क्सवाद दोनों का प्रभाव है। पर पन्त का कहना है–"ऐतिहासिक भौतिकवाद और भारतीय अध्यात्म दर्शन में मुझे किसी प्रकार का विरोध नहीं जान पड़ता, क्योंकि मैंने दोनों का लोकोत्तर कल्याणकारी सांस्कृतिक पक्ष ही ग्रहण किया है। मार्क्सवाद के अन्दर श्रमजीवियों के सुसंगठन,

वर्ग-संघर्ष आदि से सम्बन्ध रखनेवाले बाह्य दृश्य को जिसका वास्तविक निर्णय आर्थिक और राजनीतिक क्रान्तियाँ ही कर सकती हैं, मैंने अपनी कल्पना का अंग नहीं बनने दिया है। अरविन्द दर्शन से प्रभावित रचनाएँ उनके काव्योत्कर्ष को क्षरित करती हैं। महादेवी वर्मा की कविता राजनीति से लगभग अछूती है। इसे उन्होंने गद्य के खाते में डाल दिया है।"

हरिवंश राय बच्चन के आगमन के साथ हिन्दी कविता में भाषा, अभिव्यक्ति और अनुभूति के स्तर पर नया मोड़ आता है। बच्चन ने कविता की भाषा को छायावाद की अलंकृति और रहस्यवादिता से मुक्त कर बोलचाल को ठेठ भाषा के साथ रचनात्मक स्तर पर जोड़ दिया। गहन दुःखानुभूति का कवि होते हुए भी वह 'अग्निपथ' का गीत गाता है। माखनलाल चतुर्वेदी और नवीन अपनी आवेगमयता में गाँधीवाद से प्रभावित हैं।

'दिनकर' पर किसी विचारधारा का स्पष्ट प्रभाव नहीं है, पर उन्हें युद्ध और क्रान्ति का कवि कहा जा सकता है। वे देश की तत्कालीन राजनीति से ऊबकर कहते हैं–"ऊब गया हूँ देख चतुर्दिक अपने, प्रजाधर्म का ग्लानि विहीन प्रवर्तन।" वह नए परिवेश में 'परशुराम की प्रतीक्षा' कर रहा है। मार्क्सवादी कवियों में नागार्जुन, केदारनाथ अग्रवाल, त्रिलोचन का नाम लिया जाता है। ये लोग राष्ट्रीय आन्दोलन से अलग वामपंथी विचारधारा से परिचालित हैं।

सप्तकों में संगृहीत कवियों में से अधिकांश पर किसी-न-किसी विचारधारा का प्रभाव है। मुक्तिबोध तो मार्क्सवादी हैं ही, शमशेर भी वैचारिक दृष्टि से एक हद तक मार्क्सवादी हैं। सर्वेश्वरदयाल सक्सेना और रघुवीर सहाय राममनोहर लोहिया से प्रभावित समाजवाद के निकट हैं।

स्वातन्त्र्योत्तर हिन्दी-कविताओं पर न्यूनाधिक मात्रा में राजनीति का प्रभाव देखा जा सकता है। पर अब इनका रुख आज के नेताओं, भ्रष्टाचार और घटिया लोकतन्त्र की ओर घूम गया है।

पर राजनीतिक कविताओं पर विचार करते समय उन्हें केवल विषय-वस्तु की दृष्टि से नहीं देखना चाहिए। किसी सफल राजनीतिक कविता को पहले कविता होना चाहिए। इस दृष्टि से विचार करते समय बहुत सारी कविताओं को कविता की श्रेणी से पृथक् करना होगा।

निराला की विचारधारा

औपनिवेशिक भारत और नवजागरण : महात्मा गाँधी के दक्षिण अफ्रीका से भारत लौटने पर भारतीय काँग्रेस के क्रिया-कलापों में नया मोड़ आया। सत्याग्रह

आन्दोलन, स्वदेशी के प्रचार, अस्पृश्यता निवारण, हिन्दू-मुसलमानों की एकता पर बल देकर महात्मा गाँधी ने देश के किसानों, मजदूरों और युवावर्ग में नई ऊर्जा भर दी और वे औपनिवेशिक स्थिति को बदलने के लिए पूरी तरह लग गए। निराला की विचारधारा के निर्माण में इस आन्दोलन का प्रभाव पड़ा। पर क्रान्तिकारी आन्दोलन से वे कम प्रभावित नहीं थे, कुछ ज्यादा ही थे। रूसी राजनीतिक व्यवस्था के भी वे प्रशंसक थे।

उनका जन्म मेदिनीपुर के महिषादल स्टेट में हुआ था–बंग-भंग के ठीक छह वर्ष पहले। सन् 1911 में पुनः विभाजित बंगाल को एकीकृत कर दिया गया। मेदिनीपुर में भी क्रान्तिकारियों की गतिविधियाँ चलती रहती थीं। जगह-जगह की धरती के अलग-अलग गुण होते हैं। यह धरती बराबर क्रान्तिकारी बनी रही। सन् 42 में जिन तीन जिलों के प्रशासन की बागडोर आन्दोलनकारियों के हाथ में आ गई थी उनमें से मेदिनीपुर एक था। शेष दो जिले थे–सतारा और बलिया। स्वतन्त्रता के बाद भी यहाँ पर वामपन्थियों का दबाव बना रहा। निराला के सुकुमार मानस पर इस धरती का ऐसा प्रभाव पड़ा कि उनके काव्य साहित्य में इसकी अनुगूँज निरन्तर सुनाई पड़ती है। उनके व्यक्तित्व के निर्माण में कलकत्ता प्रवास और बैसवाड़े की ऊर्जा का भी विशेष योग है। बैसवाड़े का पौरुष, गरीबी और निरक्षरता ने जहाँ उनके संवेदनशील मानस को उद्विग्न किया वहीं कलकत्ते की क्रान्तिकारिता ने उन्हें समाज के बदलाव का मार्ग दिखलाया।

अतः उनकी कविताओं का गाँधीवादी प्रभाव से एकदम मुक्त होना अस्वाभाविक नहीं है, लेकिन गाँधीजी के प्रति उनमें अद्भुत श्रद्धा और विश्वास था। उनके क्रिया-कलापों और अँग्रेजी साम्राज्यवाद विरोधी आन्दोलनों और नीतियों का 'सुधा' की टिप्पणियों में जबरदस्त समर्थन किया गया है। गाँधीजी के सम्बन्ध में उनका कहना है–"महात्मा गाँधी संसार के सर्वश्रेष्ठ पुरुष हैं।"[11]

'जनता और सरकार' पर टिप्पणी करते हुए उन्होंने लिखा है–"यह अँग्रेज सरकार की चूसने की नीति के विरोध में तुली हुई ऐसी मार है, जिसके सामने किसी प्रकार की भी बुद्धि अपना इन्द्रजाल नहीं फैला सकती। उस रोज तक उच्च शिक्षा प्राप्त लोगों को हम यही कहते हुए सुनते थे कि जिस चालाकी का अस्त्र सरकार हमारे शासन में छोड़ती है, हमें भी सरकार से उसी रीति से पेश आना चाहिए। देशबन्धु दास ने स्वराज्य दल का संगठन इसी अभिप्राय से किया था। बल्कि कहना चाहिए, महात्माजी से पहले अँग्रेजी राज्य में भारत की राजनीति का इतिहास बिलकुल दूसरी तरह का था, जो जनता से बहुत दूर था। महात्माजी जनता के प्राणों तक पहुँच गए हैं, वे कूटनीति को मानवीय धर्म से दूर समझकर उसके

प्रति सविनय अवज्ञा दिखलाने की शिक्षा देते हैं। इस अस्त्र को साधारण जनता अनायास ग्रहण कर सकती है और यह अवज्ञा सरकार की तमाम कूटनीतियों के लिए अकेली यथेष्ट है। यह सर्वकालिक असन्तोष की आग सरकार के प्रतिकूल जनता के हृदय को जला रखती है, जिसकी गरमी और ज्वाला तोप और बन्दूकों की ज्वाला से बहुत अधिक है, यह कभी निष्फल नहीं हो सकती। कारण, यह प्राण संचारिणी है, कूटनीति के पूर्ण नाश का प्रयोग। ऐसी जनता से सरकार रक्षक के ही रूप से मिल सकती है, शासक के रूप से नहीं।"[12]

इस उद्धरण में गाँधीजी की राजनीति को पहले की राजनीति से भिन्न भूमिका पर रखा गया है। स्वराज्य पार्टी विधानसभाओं के लिए चुनाव के पक्ष में थी, गाँधीजी तथा उनके समर्थक नहीं थे। स्वराज्य पार्टी की नीति का निराला समर्थन नहीं करते। वे जनता के प्राणों तक पहुँचनेवाले गाँधीजी के सविनय अवज्ञा आन्दोलन का समर्थन करते हैं।

महात्माजी के उपवास पर उनकी व्यग्रता, क्षोभ और पीड़ा द्रष्टव्य है–"अब इस उपवास की मूर्ति में केवल महात्माजी हैं, जो सत्याग्रह के बल पर विश्व पर विजय प्राप्त कर सकते हैं, जो अमर जीवन के ज्ञाता, सदा मुक्त, सदा स्वतन्त्र हैं। जिस मन्त्र को लेकर वह भारत के स्वतन्त्रता-संग्राम में अवतीर्ण हुए थे, अब उसी की सिद्धि में उत्तीर्ण हो रहे हैं। यह जीवन साधारण समझ में नहीं आता। यह समझ से बाहर की बात है। थोड़ी देर के लिए, शरीर प्रेम के कारण, हम रो सकते हैं, उनके अदर्शन से कलम रुक जाता है, हमें क्षोभ हो सकता है, पर उनका महामन्त्र यदि उनकी इच्छा के अनुसार शरीर-दान की सिद्धि प्राप्त कर गया तो, उनके मृत्य-जीवन को प्राप्त कर देश कितना अग्रसर होगा, इसका अनुमान भी नहीं किया जा सकता। हम भीरु हैं, साधारण कोटि के मनुष्य हैं, हम महात्माजी को सशरीर, सप्राण देखने के लिए ही ईश्वर से बारम्बार करबद्ध साधु प्रार्थना करते हैं।"[13]

इस उद्धरण में महात्माजी के सत्याग्रह और शक्ति को वे दार्शनिक दृष्टि से देखते हैं। "वे अमर जीवन के ज्ञाता, सदा मुक्त, सदा स्वतन्त्र हैं।" इस सन्दर्भ में निराला की एक कविता का एक अंश याद आ जाता है–"मुक्त हो सदा ही तुम, बाधा विहीन बन्ध-छन्द ज्यों।"

रामविलास शर्मा के मतानुसार निराला गाँधीजी की प्रशंसा भी कर रहे थे और गाँधीवाद की आलोचना भी। इसे सिद्ध करने के लिए उन्होंने 'अलका' उपन्यास के बुधुआ और महँगू का हवाला दिया है। किन्तु यह गाँधीवाद की आलोचना न होकर छद्म गाँधीवादियों की आलोचना है। इस तरह के लोग किसी वाद में मिल जाएँगे। मार्क्सवादियों में लुंपेन मार्क्सवादियों की कमी नहीं रही है। हाँ 'बापू, यदि तुम मुर्गी

खाते' कविता के आधार पर कोई उन्हें गाँधीवाद विरोधी कहना चाहे तो कह सकता है। लेकिन यह कविता स्वयं निराला के अस्वस्थ मानसिक दशा या विक्षेप की सूचक है।

निराला का निबन्ध है–'चरखा'। उसमें विश्व कवि रवीन्द्रनाथ और महात्मा गाँधी के चरखा सम्बन्धी विचारों का विवेक-सम्मत विवेचन किया गया है। गाँधीजी का लेख नवजीवन में निकला था और रवि बाबू का 'सबुजपत्र' में। रवि बाबू ने लिखा है–"सब आदमी एक साथ मिलकर मक्खियों की तरह एक ही नमूने का छत्ता बनाएँ, विधाता की यह इच्छा नहीं है। परन्तु समाज-विधाता कभी-कभी ऐसी ही इच्छा प्रकट करते हैं। कार्य को सीधा कर लेने के लोभ से मनुष्यों को मिट्टी में मिलाते हुए उन्हें संकोच नहीं होता। ये पौधे छाँटनेवाली कल के भीतर मनुष्य-वनस्पति को घुसेड़कर बराबर नाप की हजारों पतली-पतली सलाइयाँ निकाल लेते हैं। वन्य वस्तु को इस तरह पण्य वस्तु (बाजारू चीज) बना लेने पर वन के देवता तो चुप रहते हैं, परन्तु मनुष्य-बुद्धि को काम निकालने के लिए मक्खियों की बुद्धि बना डालने पर, नारायण के दरबार में, हिसाब निकास के दिन जुर्माने के मारे दिवाला निकल जाने का भय है।"[14]

इसमें चरखा के विरोध के बहाने रवि बाबू व्यक्ति-स्वातन्त्र्य का समर्थन करते हैं। व्यक्ति-स्वातन्त्र्य में महात्माजी का भी विश्वास था और निराला का भी। लेकिन कुछ काम समष्टिपरक भी होते हैं। इन समष्टिपरक कामों का व्यक्ति-स्वातन्त्र्य से कोई विरोध नहीं है। निराला रवि बाबू के लेख को 'बेवक्त की रागिनी' कहते हैं। वे अपना तर्क देते हुए कहते हैं–"महात्मा जी जैसे एक समाज विधाता हैं। वे भारतीय समाज को चरखा चलाकर अपना कपड़ा आप बना लेने का उपदेश देते हैं। इससे करोड़ों रुपयों की बचत और फायदा देश के निवासियों को है। इससे वे परावलम्बी न रहेंगे। स्वावलम्बी हो जाना ही शक्ति का सूचक है। इस तरह शक्ति-वृद्धि के साथ-साथ देशवासी स्वराज्य की प्राप्ति नहीं कर सकेंगे, यह कौन कह सकता है? अगर इससे समष्टि और व्यष्टि दोनों को फायदा पहुँचता है तो निस्सन्देह कहना पड़ता है कि रवि बाबू का सुबह के वक्त दीपक अलापना नहीं शोभा देता। जहाँ समष्टि की बात हो–जहाँ समवाद चर्चा हो वहाँ व्यष्टि का प्रसंग नहीं उठता।"[15]

यही नहीं रवि बाबू के मन्तव्य पर अपनी झल्लाहट प्रकट करते हुए वे कहते हैं–"वह भोजन-वस्त्र का सवाल किसी एक के लिए नहीं है, अनेकों को उसके हल करने की आवश्यकता है–सिर्फ आप जैसे जमींदारों को छोड़कर। अतएव अनेक मनुष्य एक ही लक्ष्य के यात्री हैं, अनेक मनुष्य अपने भोजन-वस्त्र का सवाल

हल करना चाहते हैं, इस अनेक की आवश्यकता का खण्डन एक से नहीं हो सकता। सच तो यह है कि इससे विरोध स्वतन्त्रता के विरोध के लिए जगह भी नहीं है, क्योंकि हर एक व्यक्ति को इसकी आवश्यकता है।"[16]

वे गाँधीवाद का स्पष्टत: कहीं विरोध नहीं करते थे। उल्टे सत्याग्रह, सविनय अवज्ञा आन्दोलन, स्वदेशी वस्त्रों के प्रयोग का समर्थन करते हैं। उन्हीं की तरह वे बुद्धिवाद का विरोध करते हैं। किन्तु वे औद्योगीकरण के पक्षपाती हैं। अपनी परवर्ती कविताओं में वे किसानों-मजदूरों का समर्थन करते हैं। इसका अर्थ गाँधीवाद का विरोध नहीं है। कोई स्वच्छन्दता-धर्मी कवि किसी विचारधारा से पूर्णत: बँधकर नहीं रह सकता। इतना ही कहा जा सकता है कि 40 के बाद की कविताओं पर समाजवाद का प्रभाव पड़ा है। उन्होंने 19.3.41 के पत्र में लिखा है-"मैंने अत्याधुनिक धारा और समाजवाद का इधर कुछ अध्ययन किया है, कुछ लिख रहा हूँ।" कुछ कविताओं में वर्ग-संघर्ष का आभास मिलता है जैसे, झींगुर डटकर बोला में किन्तु वे वर्ग-सहयोग का भी समर्थन करते हैं, जैसे 'कुकुरमुत्ता' में नवाब की लड़की और मालिन की लड़की की मैत्री।

वर्णाश्रम धर्म की विकृतियाँ : वर्णाश्रम धर्म अपनी आरम्भिक अवस्था में प्रगतिशील रहा होगा। किन्तु सामन्त वर्ग ने इसे अपने हित में इस्तेमाल कर बहुत कुछ विकृत कर दिया। महात्मा गौतम बुद्ध ने इसे तोड़ने का प्रयास किया, किन्तु ब्राह्मण धर्म ने बुद्ध धर्म को ही तोड़ दिया। दयानन्द सरस्वती का इसे तोड़ने का प्रयास भी श्लाहय है। पर स्वतन्त्र भारत में तो इस प्रथा को राजनीतिज्ञों ने वोट की राजनीति से जोड़ दिया। अछूतोद्धार के माध्यम से महात्मा गाँधी ने एक सीमा तक तोड़ा भी और शिथिल भी बनाया।

महात्माजी ने इसे विशुद्ध सामाजिक कार्य के रूप में नहीं लिया बल्कि उसे साम्राज्यवाद के विरुद्ध अपनी लड़ाई का एक अंग बना लिया। निराला ने अपने बाल्यकाल मे इस भेदभाव का सक्रिय विरोध किया और समय पर इसका दण्ड भी उन्हें भुगतना पड़ा। जहाँ तक वर्णाश्रम धर्म का सम्बन्ध है निराला के विचारों में अन्तर्विरोध दिखाई पड़ता है। पर आलोचकों ने इसे नजरअन्दाज कर दिया है। केवल उन्हीं उद्धरणों से काम लिया गया है जो निराला को प्रगतिशील सिद्ध करने में सहायक होते हैं। इस अन्तर्विरोध को उनके दो लेखों में देखा जा सकता है-'वर्णाश्रम धर्म की वर्तमान स्थिति' और 'वर्तमान हिन्दू समाज' में।

वे अपने पहले लेख में द्विज समाज द्वारा शूद्रों के लिए निर्धारित किए कठोर अनुशासन का समर्थन करते हैं। शंकराचार्य के पक्ष में तर्क देते हुए वे कहते हैं-"शंकर को क्या पड़ी थी, जो शूद्रों को हीन और ब्राह्मणों को श्रेष्ठ बतलाते?

उन्हें न तो ब्राह्मणों से कुछ लाभ ही था, न शूद्रों से कोई नुकसान। एक विरक्त और इतने बड़े त्यागी का लांछन लगाना क्या शूद्रत्व के समर्थकों की मानसिक दुर्बलता का ही परिचय नहीं? अपितु इस तरह, यह सिद्ध करना है कि शंकर को ईश्वर की प्राप्ति नहीं हुई थी–ब्रह्म के दर्शन नहीं हुए थे, ब्रह्म के दर्शन करनेवाला महापुरुष भी किसी का शत्रु और किसी का मित्र होता है–द्वैत भाव रखता है।"[17]

किन्तु शंकराचार्य के सम्बन्ध में दामोदरन का मत भी जान लेना आवश्यक है–शंकराचार्य ने कहा कि शूद्र को वेदों का अध्ययन करने और उन्हें समझने के योग्य नहीं माना जाना चाहिए, भले ही वह शारीरिक रूप से पूर्णतः स्वस्थ हो और उसमें पढ़ने व अध्ययन करने की अभिलाषा मौजूद हो। क्यों? शूद्र वेदों को पढ़ने और समझने में अयोग्य सर्वप्रथम इस कारण माना जाना चाहिए कि यह द्विज अर्थात् ब्राह्मण नहीं है। शूद्र को उपनयन संस्कार का अधिकार नहीं दिया गया, जो वेदों के अध्ययन के लिए आवश्यक शर्त माना जाता है। अपने मत को न्यायसंगत ठहराने के लिए शंकराचार्य ने शास्त्रों और श्रुतियों का हवाला दिया : 'इन बातों के बारे में हम गौतम धर्मशास्त्र में स्पष्ट निर्देश देखते हैं। जो शूद्र वेदों को सुने उसके कानों में पिघला हुआ शीशा और लाख भर दिया जाना चाहिए। यदि वह वैदिक शब्दों का उच्चारण करे तो उसकी जिह्वा काट ली जानी चाहिए, इत्यादि (13, 5, 6)। केवल द्विज को ही यज्ञ-पाठ करने और दान देने व लेने का अधिकार है (10, 1)। शूद्र को ज्ञान नहीं दिया जाना चाहिए।'[18] उसी लेख में वे लिखते हैं–"भारत वर्ष की तमाम सामाजिक शक्तियों का यह एकीकरण-काल शूद्रों और अन्त्यजों के उठने का प्रभाव काल है। प्रकृति की यह कैसी विचित्र क्रिया है, जिसने युगों तक शूद्रों से ऊपर तीन वर्णों की सेवा कराई और इस तरह उनमें एक अदम्य शक्ति का प्रवाह भरा और अब अनेकानेक विवर्तनों के भीतर से गुजरती हुई, उठने के लिए उन्हें एक विचित्र ढंग से मौका दिया है, भारतवर्ष का यह युग शूद्र-शक्ति के उत्थान का युग है और देश का पुनरुद्धार उन्हीं के जागरण की प्रतीक्षा कर रहा है।"[19]

पर अपने रचनात्मक साहित्य में वे सर्वत्र निम्नवर्ग का जिसमें शूद्र वर्ग भी सम्मिलित है, समर्थन करते हैं। 'सन्त कवि रविदास के प्रति' कविता में तो कवि उनकी वन्दना करता है–

ज्ञान के आगर मुनीश्वर वे परम
धर्म के ध्वज, हुए उनमें अन्यतम
ज्ञान गंगा में, समुज्ज्वल चर्मकार
चरण छूकर कर रहा मैं नमस्कार।[20]

एक दूसरे स्थल पर सभी जातियों को एक पाठ पढ़ने के लिए कहते हैं–

आज अमीरों की हवेली
किसानों की होगी पाठशाला,
धोबी, पासी, चमार, तेली
खोलेंगे अँधेरे का ताला,
एक पाठ पढ़ेंगे, टाट बिछाओ।[21]

यहाँ पर वर्ग-संघर्ष का एक आभास मिल जाता है। ऐसा लगता है कि निराला उस समय के गैर-काँग्रेसी आन्दोलनों से प्रभावित हो चुके थे। कम्युनिस्टों, समाजवादियों, मजदूरों-किसानों आदि के समाजवादोन्मुख आन्दोलन स्वराज्य के उद्देश्य के आगे समाजवादी व्यवस्था कायम करने के पक्षधर थे। स्मरण रखना चाहिए कि देश को स्वतन्त्र कराने में काँग्रेस के अलावा इन सहयोगी आन्दोलनों (एसोसियेट मूवमेण्ट्स) की भूमिकाएँ कम महत्त्वपूर्ण नहीं थी।

उनकी कविताओं में जगह-जगह रंग-भेद, वर्ण-भेद आदि का खण्डन और मानव-मानव की बराबरी का समर्थन मिलता है। वह स्वयं अपनी स्थिति के बारे में कहता है–"ब्राह्मण समाज में ज्यों अछूत"। यह स्वयं वर्णाश्रम-व्यवस्था पर गहरा प्रहार है। चतुरी चमार, बिल्लेसुर बकरिहा, अलका आदि में भी यह विरोध दिखाई पड़ता है।

सन् '37 में प्रकाशित 'सम्राट अष्टम एडवर्ड के प्रति' में वह लिखता है–

मानव मानव से नहीं भिन्न
निश्चय, हो श्वेत, कृष्ण अथवा
वह नहीं क्लिन्त
भेद कर पंक
निकलता कमल जो मानव का
वह निष्कलंक
हो कोई सर।

स्त्री-विषयक धारणा : भारतीय स्मृतियों में स्त्री को बराबर शूद्र का दर्जा दिया गया है। पर वाल्मीकि, कालिदास, भवभूति आदि की स्त्रियाँ दुर्बल नहीं हैं। वे अपने आत्मसम्मान से कहीं भी च्युत नहीं होतीं। मध्यकालीन भक्तिकाव्य में वे अवश्य गिरावट का शिकार हुईं, कुछ तो तत्कालीन राजनीतिक परिस्थितियों के कारण और कुछ भक्त कवियों के वैराग्यमूलक दृष्टिकोण के कारण। पर आधुनिक

काल में भारतीय नवजागरण के कारण नारी सम्बन्धी दृष्टिकोण में परिवर्तन आया। स्वयं नारियों में अपने दायित्व और अधिकारों के प्रति नई चेतना जागी।

पर छायावाद काल के पहले नारियों के प्रति कवियों की जो मनोवृत्ति अभिव्यक्त हुई है वह रूढ़ियों की धुँधली छाया से ग्रस्त है। मैथिलीशरण गुप्त ने लिखा है–"अबला जीवन हाय तुम्हारी यही कहानी, आँचल में है दूध और आँख में पानी।" इस उद्धरण में उस समय का नारी-विषयक केन्द्रीय दृष्टिकोण निहित है।

सन् 20 के बाद राष्ट्रीय आन्दोलन में, स्त्रियों ने भी पुरुष के कन्धे से कन्धा मिलाकर, अपनी सक्रिय भूमिका निभाई। उस समय की कविता में निराला का नारी-विषयक स्वर सबसे अधिक शक्तिशाली था। प्रसाद ने अपनी कविताओं को इस तरह की समस्याओं से बचाकर रखा। पर उनके नाटकों और कहानियों में विद्रोही नारियों के दर्शन होते हैं। 'ध्रुवस्वामिनी' नाटक इसका प्रतिनिधि उदाहरण है। पन्त प्रायः नारी के कोमल-रूप पर ही मुग्ध हैं। महादेवी वर्मा की कविता नारी की वेदना को उजागर करती है। पर उनका आक्रोश और आवेग 'शृंखला की कड़ियाँ' में आबद्ध है। शृंखला की कड़ियाँ तोड़ने में उसे कठिनतर प्रयास करने पड़े हैं।[22]

निराला ने अपने निबन्धों में नारी सम्बन्धी अवधारणा की है, उसकी प्रतिध्वनि उनकी कविताओं में भी सुनाई पड़ती है। मुक्ति का इतना बड़ा आकांक्षी कवि आधुनिक हिन्दी कवियों में दूसरा नहीं है–मुक्ति चाहे कविता की हो, मनुष्य की हो या स्वयं नारी की। नारी को नाना प्रकार की रूढ़ियों से मुक्त होने के लिए वे दो वस्तुओं पर जोर देते हैं–शिक्षा और आर्थिक स्वातन्त्र्य।

वे अपने निबन्ध 'बाहरी स्वाधीनता और स्त्रियाँ' में लिखते हैं, "अब वह समय नहीं रहा कि हम स्त्रियों के सामने वह रूप रखें, जिसके लिए गोस्वामी तुलसीदासजी ने 'चित्र-लिखे कपि देखि डेराती' लिखा है। सारल्य तथा कोमलता के भीतर की वह सृष्टि निस्सन्देह अनुपम थी। उस त्रेता-काल की कल्पना की ही तरह कोमल विलास के मंजु अंक पर पली हुई स्त्रियों को प्राप्त कर कर्तव्य के कठोर पुरुषों को संसार के यथार्थ सुख का अनुभव होता था और उस समय के चित्रण में अत्यन्त कठोर और अत्यन्त कोमल का ही सम्मिश्रण समाज तथा काव्यों में किया गया है। परन्तु अब आवश्यकता है, हर एक मनुष्य के पुतले में, चाहे वह पुरुष हो या स्त्री, कोमल और कठोर दोनों भावों का विकास हो। अब दोनों के लिए एक ही धर्म होना चाहिए। पुरुष के अभाव में स्त्री हाथ समेटकर निश्चेष्ट बैठी न रहे। उपार्जन से लेकर सन्तान-पालन, गृहकार्य आदि वह सम्भाल सके, ऐसा रूप,

ऐसी शिक्षा उसे मिलनी चाहिए। पहले दोनों के भाव और कार्य अलग-अलग थे, अब दोनों के भाव और कार्यों का एक ही में साम्य होना आवश्यक है। इस तरह गार्हस्थ्य धर्म में स्वतन्त्रता बढ़ेगी। परावलम्बन न रह जाएगा। स्त्रियाँ भी मेधा की अधिकारिणी होंगी। हृदय और मस्तिष्क, दोनों में एकीकरण होगा। एक ही में उभय धर्मों को देख सकेंगे। इस समय जो हम यह देखते रहते हैं कि किसी कारण पुरुष से एक दीर्घकाल के लिए विच्छेद हो जाने पर स्त्री बिलकुल निस्सहाय हो जाती है, अपने घर का काम नहीं सम्भाल पाती, अनेक प्रकार की असुविधाएँ आ जाती हैं, बदमाशों की उन पर दृष्टि पड़ती है, मन-ही-मन वे डरी रहती हैं, घर उन्हें जेल से भी बढ़कर हो जाता है, यह सब न होगा। पुरुष के अभाव में स्त्री स्वयं उसका स्थान अधिकृत करेगी।"[23]

हिन्दू धर्म की रूढ़ियों में जकड़ी जाने पर स्त्रियों का मानसिक विकास नहीं हो सकता है। धर्म की रूढ़ियों पर निराला का कशाघात अचूक होता है, चाहे वह कविता के माध्यम से किया गया हो या कथा के माध्यम से। वे कहते हैं, "धर्म तो वह है जिससे अर्थ, काम तथा मोक्ष, तीनों मिल सकें। सच्चा धर्म इस समय स्त्रियों के सब प्रकार के बन्धन ढीले कर देना, उन्हें शिक्षा की ज्योति से निर्मल कर देना ही है, जिससे देश की तमाम कामनाओं की सिद्धि होगी और स्वतन्त्र-सुखी जीवन बाह्य स्वतन्त्रता से तृप्त होकर आत्मिक मुक्ति के सम्मान में लगेगा। रूढ़ियाँ कभी धर्म नहीं होतीं, वे एक-एक समय की बनी हुई सामाजिक शृंखलाएँ हैं। वे पहले की शृंखलाएँ जिनसे समाज में सुधरापन था, मर्यादा थी—अब जंजीरें हो गई हैं। अब उनकी बिलकुल आवश्यकता नहीं। अब उन्हें तोड़कर फेंक देना चाहिए। जिन लोगों ने ऐसा किया है, वही लोग देश में पूजनीय हो रहे हैं। वे ही कहते हैं, और शास्त्रों के उद्धरण देते हुए कहते हैं कि अब हर तरह से स्त्रियों को शिक्षित देवियों के रूप में परिणत करो, जिससे वे स्वयं अपने कल्याण की कल्पना कर सकें, नहीं तो, हे देशवासियो, प्रतिदिन तुम्हारे ऊपर स्त्री-हत्या का पाप चढ़ रहा है। इससे तुम्हारा निस्तार न होगा।"[24]

नारी स्वातन्त्र्य का समर्थन करते हुए भी निराला की स्वतन्त्रता प्रकृति में सारतः भारतीय है। आजकल भारतीय-अभारतीय का प्रश्न हर जगह उठाया जा रहा है। आनन्द कुमार स्वामी ने बहुत पहले कहा था कि भारत भारत होकर ही जीवित रह सकता है। निराला के समय में भी पश्चिमी अन्धानुकरण का कम बोलबाला नहीं था। उसी के साथ भारतीयता पर भी बल दिया जा रहा था। निराला ने इन दोनों के औचित्यपूर्ण समन्वय पर जोर दिया है। आचार्य शुक्ल ने तो छायावाद काव्यान्दोलन को ही अभारतीय कहा है और बताया है कि पता नहीं वह कहाँ-कहाँ

से घूमता हुआ हिन्दी भाषा-भाषी क्षेत्र में पहुँचा था। छायावादी कवियों ने मुख्यतः प्रसाद और निराला ने जमकर इसका विरोध किया था। इन कवियों के नारी पात्र भारतीय हैं, आधुनिक हैं, मुक्त हैं।

उन्होंने स्पष्ट कहा है कि "हमारा मतलब यह नहीं कि महिलाएँ यूरोपियन बीवियाँ बनाई जाएँ। हम केवल उनके शिक्षा सुधार और स्वतन्त्रता के लिए कहते हैं।"[25] वे न तो अमरीका की तरह स्त्री को पुरुष के आगे रखने की वकालत करते हैं और न फ्रांस की तरह बराबर या इंग्लैण्ड की तरह कुछ पीछे रखने का समर्थन। ये ऊपर की दिखावटी बातें हैं। वे स्त्री को भारतीय अर्थ में अर्द्धांगिनी, सहधर्मिणी और गृहलक्ष्मी बनाना चाहते हैं–"आज बाह्य स्वतन्त्रता का बहाव पश्चिम को इतनी दूर बहा ले गया है कि अब घर घर नहीं रहा। गृह-धर्म की मर्यादा एक तरह से जाती रही। घर होटल और क्लब हो रहे हैं। हम इस तरह 'घर फूँक' तमाशा देखनेवाली सभ्यता का समर्थन नहीं करते। हमारा मतलब केवल मनुष्यता पर अवलम्बित है, जिसका हमारे समाज से तिरोभाव हो गया है।"[26]

नकल का निषेध करते हुए वे स्त्रियों की स्वतन्त्रता और अप्रतिहत विकास के प्रबल समर्थक हैं–"हम नकल करने के लिए नहीं कहते, सिर्फ असल को असली रूप में प्राप्त करने के लिए कहते हैं। महिलाओं की स्वतन्त्रता का स्वरूप बतलाना है, और यह भी सत्य है कि पुरुषों के निरादर करने पर भी स्त्री-शक्ति का विकास रुक नहीं सकता, न वह अब तक कहीं रुका है। चूँकि पुरुष निराधार स्त्रियों की अपेक्षा इस देश में अधिक समर्थ है, इसलिए हम स्त्री-स्वतन्त्रता के कार्य में पुरुषों से मदद करने के लिए कहते हैं, क्योंकि नारी ही भावी राष्ट्र की माता है। मूर्ख, पीड़ित और पराधीन माता से तेजस्वी, स्वतन्त्र और मेधावी बालक-बालिकाएँ नहीं पैदा हो सकतीं, जिससे राष्ट्र का सर्वांग जर्जर रह जाता है।"[27]

वेदान्त

भारतीय नवजागरण के विभिन्न आन्दोलनों ने किसी-न-किसी धर्मग्रन्थ या दर्शन का सहारा लिया, वेद, उपनिषद, गीता, वेदान्त आदि का। निराला का परिवेश वेदान्त के अनुरूप था। कलकत्ते में बंगाली वेदान्तियों का उनका गहरा संग-साथ था। केरल का नवजागरण द्विजेतर जातियों द्वारा संचालित था। उसके मुख्य कर्णधार नारायण गुरु और कुमार आशान थे। आशान मलयालम के प्रथम आधुनिक कवि माने जाते हैं। इन लोगों ने वेदान्त के आधार पर जाति और रंग-भेद पर गहरा आक्रमण किया। निराला का वेदान्त बहुत कुछ विवेकानन्द से प्रभावित था।

स्वामी विवेकानन्द अद्वैत वेदान्त से आकृष्ट ही नहीं थे, उनके मतानुसार

अद्वैत-वेदान्त सर्वाधिक वैज्ञानिक धर्म है। पर स्मरण करना चाहिए कि उनका वेदान्त शंकराचार्य का वेदान्त नहीं है। शंकराचार्य का वेदान्त जड़, अपरिवर्तनशील था तो विवेकानन्द का वेदान्त गत्यात्मक और सक्रिय था। निराला भी वेदान्त की गतिशीलता के विश्वासी थे। विवेकानन्द की घोषणा थी–"गति अथवा परिवर्तन ही जीवन का गीत है।"

वेदान्त की प्रवाहमयता को लक्ष्य करते हुए निराला ने लिखा–"जब केवल दिव्यता है, तब उसका परिणाम केवल उत्तम भोग है। इसीलिए देवता भोग-योनि है। मनुष्य देवताओं से बड़ा है, क्योंकि वह मुक्त हो सकता है, वह ज्ञान प्राप्त कर सकता है। हमारे शास्त्रों में जो निर्देश सब शुभाशुभ कर्मों का फल ब्रह्म में अर्पण करने का है, वह इसलिए कि केवल ज्ञान रहे, कर्मों का फल-भोग चला जाय। इसके द्वारा भी हमें मालूम हो जाता है कि हर कार्य के साथ हमारा ज्ञान का संयोग था, हमारे हर एक सुन्दर तालाब का बँधा हुआ पानी बहाव के जल से मिला हुआ था, आज वह बहाववाला जल नहीं रहा, इसीलिए वह सुन्दर सरोवर गन्दा हो गया है, जल दूषित। उसे कोई दिव्यता नहीं परिष्कृत कर सकती, बहाव का वही वेदान्त जल आवश्यक है।"[28]

वे सुधारों को वास्तविक ज्ञान नहीं मानते। सुधारक एक कीचड़ से निकालकर दूसरे कीचड़ में डाल देते हैं। धर्मजन्य भेद-भाव को जड़ से तभी मिटाया जा सकता है जब अद्वैत वेदान्त का गहरा महत्त्व ज्ञात हो। इसी से देश-भेद भी समाप्त हो सकता है। वे लिखते हैं–"पर ज्ञान-संयोग तमाम पृथ्वी, सूर्य-मण्डल को भी पार कर जाता है। भारत को उस तरह के मनुष्यों की जरूरत है, जिनके पास केवल ज्ञान का महास्त्र है, जिन्हें मुसलमान परमप्रिय, ईसाई जिनका घनिष्ठ मित्र है, और जिनका धर्म प्रत्येक स्थिति से सर्वत्र दान और इस तरह सर्वस्व-प्राप्ति है। उस सब कुछ पाए हुए को कोई चाह नहीं रहती, और संसार के बड़े-बड़े स्वतन्त्र देशों के मनुष्य भी उससे कुछ चाहने के लिए आते हैं, इस प्रकार पराधीन होकर। स्वतन्त्रता के मानवीय मुक्ति के यथार्थ-बीज उसी के पास रहते हैं।"[29]

कविता को देखने का उनका दृष्टिकोण भी मूलतः अद्वैतवादी है–कवि चाहे तुलसीदास हों, नजीर अकबराबादी हों या मिर्जा ग़ालिब हों। रामचरितमानस पर उन्होंने कुछ लेख लिखे हैं। उन लेखों में से एक है–'तुलसीकृत रामायण में अद्वैततत्त्व'। वे लिखते हैं–"द्वैतवादियों की दृष्टि में यद्यपि रामायण एक द्वैतभाव संकुल ग्रन्थ है–यद्यपि उसमें भगवान श्री रामचन्द्रजी के लीला-महत्त्व का ही कीर्तन अधिक किया गया है–संसार का सुधार करने के लिए यद्यपि द्वैतवाद की जन्मभूमि गृहस्थाश्रम के ही चरित्र-चित्रण में अधिक निपुणता दिखाई गई है तो भी

श्रीमद्गोस्वामी जी का लक्ष्य है अद्वैत ब्रह्म। गृही मनुष्यों को द्वैतभूमि की सीमा से खींचकर अद्वैत भूमि पर–असीम और अखण्ड सत्ता पर स्थापित कर देने के लिए तथा धनवान और भौतिक शक्ति से उद्दण्ड राजों-महाराजों के सामने राजनीति का आदर्श रखने के लिए–भोग की निस्सारता और त्याग की महत्ता दिखाने के लिए, सुखी मनुष्य भी कहाँ तक और कैसे कठोर कर्म कर सकता है–इसका उपदेश करने के लिए भगवान श्री रामचन्द्रजी का अवतार हुआ, यही चित्र गुसाईं जी ने रामायण में खींचा है। परन्तु अपने अद्वैत लक्ष्य का स्पष्टीकरण उन्होंने प्राय: हर जगह किया है।"[30] वे निष्कर्षत: कहते हैं–"रामायण में अद्वैत भाव भरा हुआ है।"

नजीर अकबराबादी उर्दू के जनवादी कवि माने जाते हैं। उर्दू साहित्य के इतिहास में उनकी अरसे से उपेक्षा होती रही है। सन् 26 में 'साहित्य की समतल भूमि' पर एक लेख लिखते हुए उन्होंने नजीर की कविता पर प्रकाश डाला है। नजीर और तुलसीदास को अद्वैत तत्त्व के आधार पर वे एक ही भूमि पर खड़ा करते हैं। वे लिखते हैं–"विजय और पराजय में, हर जगह, यथार्थ अस्तित्व के रूप से नजीर अद्वैत सत्ता को प्रत्यक्ष करते हैं और तुलसीदास कटु मधुर फलों को देनेवाली (माया) लता के आश्रय, संसार-विटप को एक ही अव्यक्त सत्ता का स्वरूप कहकर नमस्कार करते हैं। यहाँ नजीर और तुलसीदास साहित्य की समान भूमि पर हैं। दोनों के भाव एक हैं, इसलिए मन भी एक-सा है। भेद इनमें नहीं रहा। अभेद की सूझ इन्हें हो गई है।"[31]

हिन्दू और मुसलमान

राष्ट्रीय आन्दोलन में हिन्दुओं-मुसलमानों की एकता के लिए विभिन्न लोगों ने भरपूर प्रयास किया, किन्तु धर्म के आधार पर राष्ट्र दो टुकड़ों में बँट गया। कहा जाता है कि हिन्दुओं और मुसलमानों के बीच फूट डालकर राज्य करने की नीति के कारण दोनों सम्प्रदायों में मतभेद बढ़ता गया। आज भी रह-रहकर सारा दोष अँग्रेजों के मत्थे मढ़ दिया जाता है। हिन्दू-मुसलमान दूध के धोए बन जाते हैं, किन्तु मतभेद की गहराई में पैठकर, ऐतिहासिक परिप्रेक्ष्य न भूलते हुए, हमें इस समस्या पर विचार करने की आवश्यकता है। सन्तों, कवियों और दार्शनिक विचारकों ने इस सन्दर्भ में जो कुछ कहा है हमें उससे शिक्षा लेनी चाहिए और नए सन्दर्भों में उसे युगानुरूप ढंग से प्रचारित-प्रसारित करना चाहिए। छायावादी कवियों में निराला ही ऐसे व्यक्ति हैं जिन्होंने इस समस्या की ओर हमारा ध्यान आकृष्ट किया है और इसके समाधान का संकेत भी किया है।

वास्तविकता तो यह है कि हिन्दू-मुसलमानों की एकता स्थापित करने का

जो नुस्खा आज के राजनीतिक दलों के पास है वह बहुत ही सतही और आत्मकेन्द्रित है। 'वोट' की तामसिक राजनीतिक छाया में वह दल के दलदल से ऊपर नहीं उठ पाता। यदि राजनीतिक दल धर्मनिरपेक्षता का ढोंग छोड़ दें तो सम्भव है हिन्दू मुसलमान नए ऐतिहासिक परिप्रेक्ष्य में स्वयं एकता की ओर बढ़ें।

इस सम्बन्ध में डा. रामविलास शर्मा ने बहुत ठीक लिखा है–"किन्तु अधिकांश राजनीतिज्ञों की तरह निराला यह न मानते थे कि अँग्रेजों के आने से पहले यहाँ सब कुछ अच्छा-ही-अच्छा था और उनके चले जाने के बाद फिर सब कुछ पहले की तरह अच्छा हो जाएगा। उन्होंने साहस से इस तथ्य का सामना किया कि हिन्दुओं और मुसलमानों में परस्पर घृणा का भाव मौजूद है। इस घृणा की जड़ इतिहास में है, अधिकांश हिन्दू समझते हैं कि वे विजित हैं और अधिकांश मुसलमानों में यह भाव है कि वे विजेता रह चुके हैं। इस घृणा के अस्तित्व को स्वीकार करनेवाले राजनीतिज्ञों का अभाव नहीं था और अब तो उनकी संख्या में काफी वृद्धि हो गई है। इनसे निराला भिन्न इस बात में थे कि वह इस घृणा को अज्ञानजन्य और क्षणिक मानते थे; उससे भिन्न मैत्री के भाव को वह ज्ञानजन्य और स्थायी मानते थे।"[32]

हिन्दुओं-मुसलमानों को केवल मनुष्यता की उच्चतर भूमि पर एकत्व के सूत्र में पिरोया जा सकता है। यदि मनुष्य-मनुष्य के अभेद की बात समझ में आ जाय तो दोनों का अलगाव समाप्त हो जाय। यह एक आध्यात्मिक प्रक्रिया है जो अन्ततोगत्वा दोनों में अभेद स्थापित कर सकती है। सामान्य शिक्षा द्वारा यह सम्भव नहीं है। वे लिखते हैं–"इस देश की मनुष्यता का निर्माण और हिन्दू-मुस्लिम-प्रश्न का हल होना एक अर्थ रखते हैं। हम किसी तरह वृहत् संसार की ओर बढ़ नहीं सकते, इसका यही कारण है कि देश के मनुष्य का क्या रूप है, यह हम नहीं समझे। इसी देश से वृहत् संसार की ओर अनेक मनुष्य, अनेक विद्यार्थी जाते हैं; पर वे वास्तव में वृहत् संसार के लिए नहीं जाते, अपने छोटे संसार के लिए जाते हैं; क्योंकि हिन्दू और मुसलमान रहकर जाते हैं; और हिन्दू और मुसलमान रहकर ही लौटते हैं। जिन दीनता की पूर्ति के लिए शिक्षित होने के उद्देश्य से जाते हैं, यूरोप और अमेरिका के बाहरी बुरे संस्कारों को लेकर, उसी दीनता को बढ़ाकर लौटते हैं। यहाँ फिर वे हिन्दू हैं या मुसलमान हाथ कुछ इल्लत साहबी की ओर लगी है। यह देश के मनुष्य की परिभाषा नहीं।"[33]

साहित्यिक विचार

साहित्य की भाषा, भाव, विन्यास, प्रासंगिकता, सौन्दर्य-बोध आदि के सम्बन्ध में

महत्त्वपूर्ण कवियों ने समय-समय पर अपने विचार प्रकट किए हैं। छायावादी कवियों में प्रसाद, निराला और पन्त ने अपने विचारों को लेखों, भूमिकाओं, टिप्पणियों आदि के माध्यम से व्यक्त किया है। ये विचार तत्कालीन साहित्यिक समस्याओं से सम्पृक्त हैं। उस समय साहित्यिक जगत् में जो विचार उठ रहे थे उन्हें अपने ढंग से इन कवियों ने वाणी दी है। प्रसादजी और शुक्लजी की जो टकराहट रहस्यवाद को लेकर हुई उससे सभी परिचित हैं। उस समय रहस्यवाद बहस का एक केन्द्रीय मुद्दा था। निराला को भी इस प्रश्न से जूझना पड़ा था। भाषा-भाव आदि के सम्बन्ध में उस समय जो कुछ कहा गया उसके केन्द्र में छायावादी काव्य की अपनी समस्याएँ थीं। छायावादी कवियों की समस्याएँ एक होते हुए भी अपने-अपने सन्दर्भों में स्वतन्त्र थीं। यों रचनाकार अपनी रचना के सन्दर्भ में ही विचार करता है, चाहे वह टी.एस. इलियट हों, चाहे प्रसाद और निराला।

काव्य भाषा

उस समय छायावादी काव्य भाषा को लेकर अच्छी-खासी बहस छिड़ी हुई थी। विरोधियों का कहना था कि छायावादी कविता की भाषा क्लिष्ट और सम्प्रेषण की क्षमता से रिक्त होती है। ब्रजभाषा के प्रेमी तो खड़ी बोली से यों ही अप्रसन्न थे। खड़ी बोली कविता की भावात्मक व्यापकता उनको अच्छी नहीं लगती थी। निराला ने अपने कई लेखों और सुधा में लिखी गई टिप्पणियों में काव्यभाषा पर अपने विचार व्यक्त किए हैं।

'साहित्य और भाषा' सम्बन्धी अपने लेख में आरम्भ में ही वे लिखते हैं–"भाषा-क्लिष्टता से सम्बन्ध रखनेवाले हिन्दी की तरह ऊपर भाषाओं में नहीं उठते। हिन्दी को राष्ट्रभाषा माननेवाले या बनानेवाले लोग साल में तेरह बार आर्त चीत्कार करते हैं–भाषा सरल होनी चाहिए, जिससे अबालवृद्ध समझ सकें। मैंने आज तक किसी को यह कहते हुए नहीं सुना कि शिक्षा की भूमि विस्तृत होनी चाहिए, जिससे अनेक शब्दों का लोगों को ज्ञान हो, जनता क्रमशः ऊँचे सोपान पर चढ़े।"

हिन्दी की सरलता के सम्बन्ध में बकवास करनेवाले लोगों में अधिकांश को मैंने देखा–लिखते बहुत हैं, जानते थोड़ा हैं कम-से-कम हिन्दी से तो उनका ताल्लुक स्कूल से जब से छूटा, छूटा ही रहा। फिर हिन्दी की विशेष शिक्षा प्राप्त करने की उन्हें जरूरत नहीं मालूम दी। जरूरत रही दूसरों को सिखलाने की। साधारण जनों का पक्ष लेकर वे बराबर अपने अज्ञान पर मिट्टी डालते रहे।[34]

इसमें ध्यान देने की बात यह है कि भाषा की क्लिष्टता की शिकायत के स्थान पर शिक्षा की भूमि के विस्तार पर बल दिया गया है। शिक्षित जनता को

शब्दों का विशिष्ट ज्ञान होता है, उस पर नया संस्कार चढ़ता है। अतः उसे भाषा की क्लिष्टता नहीं अखरती। उस समय हिन्दी को शिक्षित जन भी हेय दृष्टि से देखते थे। कोई भाषा आते-आते आती है। सच पूछिए तो साहित्य शिक्षित जनता का ही होता है। शिक्षा के संस्कार के बिना साहित्य का आस्वादन नहीं किया जा सकता। आचार्य शुक्ल ने 'हिन्दी साहित्य का इतिहास' के प्रथम संस्करण के वक्तव्य में लिखा–"शिक्षित जनता की जिन-जिन प्रवृत्तियों के अनुसार हमारे साहित्य के स्वरूप में जो-जो परिवर्तन होते आए हैं, जिन-जिन प्रभावों की प्रेरणा से काव्यधारा की भिन्न-भिन्न शाखाएँ फूटती रही हैं, उन सबके सम्यक् निरूपण तथा उनकी दृष्टि से किए हुए सुसंगत काव्य-विभाग के बिना साहित्य के इतिहास का सच्चा अध्ययन कठिन दिखाई पड़ता है।" शिक्षित जनता को लेकर कुछ लोगों ने काफी हो-हल्ला मचाया। साहित्य को शिक्षित जनता से जोड़कर मानो शुक्लजी ने कोई अपराध किया हो।

मुक्तिबोध ने अपने एक निबन्ध 'जनता का साहित्य किसे कहते हैं' में लिखा है–"जनता का साहित्य का अर्थ जनता को तुरन्त ही समझ में आनेवाले साहित्य के प्रधान रूप होते हैं। साहित्य के अन्दर सांस्कृतिक भाव होते हैं। सांस्कृतिक भावों को ग्रहण करने के लिए, बुलन्दी, बारीकी और खूबसूरती को पहचानने के लिए, उस असलियत को पाने के लिए जिसका नक्शा साहित्य में रहता है, सुनने या पढ़नेवाले की कुछ स्थिति अपेक्षित होती है। वह स्थिति है उनकी शिक्षा, उनके मन का सांस्कृतिक परिष्कार। साहित्य का उद्देश्य सांस्कृतिक परिष्कार है, मानसिक परिष्कार है। किन्तु यह परिष्कार साहित्य के माध्यम द्वारा तभी सम्भव है जब सुननेवाले या पढ़नेवाले की अवस्था स्वयं शिक्षित हो।"[35]

निराला ने अपने उक्त निबन्ध में ही लिखा है–"उन बड़े-बड़े साहित्यिकों की भाषा कभी जनता की भाषा नहीं रही। सोलह आने में चार आने जनता के लायक रहना साहित्य का ही स्वभाव है, क्योंकि सब तरह की अभिव्यक्तियाँ साहित्य में होती हैं। तुलसीकृत रामायण का हमारे यहाँ सब पुस्तकों से ज्यादा प्रचार है, दूसरी किताब समाप्त होने से पहले ही लड़कियाँ सुन्दर काण्ड खोलकर 'जामवन्त के वचन सुहाए, सुनिय हनुमान हृदय अति भाए' पढ़ने लगती हैं। इसके माने यह नहीं कि तुलसीदास जी ने बड़ी सीधी भाषा में रामायण या अपने दूसरे ग्रन्थ लिखे हैं। रामायण कहीं-कहीं, जहाँ जैसे कठिन भाव आए हैं, इतनी मुश्किल है कि अच्छे-अच्छे विद्वानों के छक्के छूट जाते हैं। इसके अलावा साद्यन्त रामायण सालंकार है। यह सब साधारण लोग समझ सकते हैं, यह किसी साहित्यिक नेता के सिवा यथार्थ अनुभवी विद्वान कभी न कहेगा। रामायण के प्रचार का कारण

रामचरितमानस है, जिसका हजारों वर्ष पहले से अनेकानेक रामायणों तथा कथाओं द्वारा प्रचार होता आया है। संस्कार यहाँ के लोगों के ऐसे ही बन गए हैं। क्लिष्टता के बारे में यही हाल सूरदासजी की कविता का भी है। वे भी कम मुश्किल नहीं। अलंकारों के सिवा एक कदम नहीं उठाते।"[36]

भाव और विचार

काव्य भाषा के साथ भाव और विचार भी जुड़े रहते हैं। पुराने जमाने में कविता के साथ केवल भावों के जुड़ाव का विचार किया जाता था। चाहे रमणीयार्थ प्रतिपादक शब्द हो या 'रसात्मक-वाक्य' दोनों का सम्बन्ध भाव से ही है। कविता में आज भी उसकी सत्ता अपरिहार्य है, किन्तु समय की माँग के अनुरूप उसमें विचारों का समावेश भी हो गया है। आज तो ये प्रश्न और भी विचारणीय हो गए हैं। कविता में विचारों के समावेश की चर्चा हिन्दी में पहले-पहल सम्भवतः निराला ने ही की है। यद्यपि इन प्रश्नों को उन्होंने संक्षेप में ही विश्लेषित किया है, पर कविता के सन्दर्भ में वे पुनः-पुनः विचारणीय हैं।

निराला ने लिखा है कि "सबसे अधिक आवश्यक है भाव-प्रवणता जो साफल्य की एकमात्र कुंजी है।"[37] वे भाव को सम्पूर्ण विषय-वस्तु के रूप में लेते हैं जिसमें विचार भी सम्मिलित है। उनके विचार से विचार काव्य का ज्ञानकाण्ड है। टी.एस. इलियट ने भी कविता में विचारों की बात उठाई है। कविता में भाव मुक्त विचार (फेल्ट थाट) ही समाहित हो सकते हैं। कविता में कोरे विचारों के लिए स्थान नहीं है। कविता का प्राण भाव है। भाव का अभिन्न अंग बननेवाला विचार ही कविता का वर्ण्य हो सकता है।

निराला का यह कथन भी सही है कि भाव और चित्र कहीं से प्राप्त किए जा सकते हैं—दूसरी भाषा के साहित्य से भी। लेकिन उनका नवीनीकरण करना आवश्यक है। वे लिखते हैं—"भाव और चित्र कोई भी कवि दूसरी भाषा से प्राप्त कर सकता और उनमें कुछ परिवर्तन परिवर्धन कर अपनी चीज कर सकता है। पर यह काव्य की कोई बहुत बड़ी उपज नहीं। और इस तरह किसी भाषा को कभी कोई बहुत बड़ी चीज नहीं मिल सकती। चित्रों को कुछ देर तक अपने ही भीतर रखकर कवि को देखना पड़ता है, उनके सौन्दर्य की जाँच करनी पड़ती है, उनकी वैसी छवि हो तो वे और चमकें, इसके निर्णय की योग्यता बढ़ाने के लिए अपने को काफी मार्जित कर लेना पड़ता है, तभी उनको बाहर चमत्कृत रूप से रखने में उसे सफलता मिलती है। इन विचारों के साथ एकदेशीय तथा व्यापक विचार भी वैसे ही सम्बद्ध हैं, जैसे एक देश के साथ तमाम पृथ्वी, अतएव उनका ज्ञान भी

कम आवश्यक नहीं। बड़े-बड़े कवियों की खूबियाँ, उनकी विशेषताएँ भी मालूम रहनी चाहिए।"[38]

एक दूसरी टिप्पणी में वे कहते हैं—"नवीन रक्त-संचार की तरह नए विचारों का निर्गमागम जब साहित्य तथा समाज में होता है, तभी समाज गतिशील और साहित्य जीवित रह सकता है।"[39]

कला

काव्य में कला ऊपर से थोपी हुई कोई चीज नहीं है। लेकिन काव्य-कला साहित्य की अन्य कलाओं से भाषा, रूप और प्रभाव की दृष्टि से भिन्न होती है। इसका अत्यन्त विस्तृत विवेचन पश्चिम और पूर्व में हो भी चुका है और हो भी रहा है। उनकी उद्धरणी प्रस्तुत करना यहाँ काम्य नहीं है। इस सन्दर्भ में निराला के अपने विचारों तक सीमित रहना अधिक संगत है।

निराला ने लिखा है—"भाव के साथ कला और कला के साथ भाषा सम्बद्ध है, जैसे क्रम-विकास के सूक्ष्म-स्थूल तीन रूप, एक ही वाक्य में, अपना विवेचन करा रहे हों। भावात्मक चित्र या अभिव्यक्ति के लक्ष्य पर चलती हुई भाषा कभी शिथिल नहीं हो सकती। वह निराभरण, निरलंकार भले ही हो, उसमें दैन्य के लक्षण नहीं मिल सकते।"[40]

भाव, कला और भाषा को सुविधा के लिए अलग-अलग विवेचित किया जाता है। वस्तुतः वे एक ओर अभिन्न हैं, नीरन्ध्र हैं। भाषा और कला ही भाव है। चाहे रचना-प्रक्रिया की दृष्टि से देखा जाय या पाठक की भावमयी प्रतिभा द्वारा, उनकी अभेद्यता अक्षुण्ण है। लेखक रचना पूर्ण करने के बाद रचना से अलग हो जाता है और रचना पूर्णतः स्वतन्त्र और स्वायत्त हो जाती है। पाठक उस स्वायत्त रचना की पुनर्रचना करता है। रचना का पाठ अर्थ के अनेक स्तरों को समेटे रहता है। यह अर्थोद्‌घाटन तब तक सम्भव नहीं है जब तक रचना को उसकी पूर्णता में न देखा जाय। इस पूर्णता पर निराला ने जगह-जगह जोर दिया है।

'मेरे गीत और कला' का एक उद्धरण है—"कला केवल वर्ण, शब्द, छन्द, अनुप्रास, रस, अलंकार या ध्वनि की सुन्दरता नहीं, किन्तु इन सभी से सम्बद्ध सौन्दर्य की पूर्ण सीमा है, पूरे अंगों की तरह सत्रह साल की सुन्दरी की आँखों की पहचान की तरह—देह की क्षीणता-पीनता में तरंग-सी उतरती-चढ़ती हुई, भिन्न वर्णों की बनी हुई वाणी में खुलकर क्रमशः मन्द मधुरतर होकर लीन होती हुई, जैसे केवल बीज से पुष्प की पूरी कला विकसित नहीं होती, न अंकुर से, न डाल से, न पौदे से, जड़ से लेकर, तना, डाल, पल्लव और फूल के रंग-रेणु गन्ध तक फूल की पूरी

कला के लिए जरूरी है, वैसे ही काव्य की कला के लिए काव्य के सभी लक्षण; और जिस तरह फूलों की सुगन्ध पेड़ के दृश्य समस्त भाग को ढके हुए अपने सौन्दर्य तत्त्व के भीतर रखती है—पेड़ की काष्ठ निष्ठुरता दिखती हुई भी छिपी रहती है, उसी तरह काव्य-कला आवश्यक अशोभन वर्ण-सम्प्रदाय को अपनी मनोज्ञता के भीतर डाले रहती है। तने, डाल, पत्ते और फूल के रंगों के भेद और उनके चढ़ाव-उतार की तरह काव्य की भी प्रकाशन-धारा है; इसकी त्रुटि कला के एक अंश की त्रुटि होगी।"[41]

कला की इस सम्पूर्णता की ओर उन्होंने अन्य स्थलों पर भी संकेत किया। उनकी शब्दावली भी कुछ दूर तक मिलती है। साहित्यकार चरित्र पर टिप्पणी करते हुए वे लिखते हैं—"सच्चे साहित्यिक कला में मूल तक पहुँचते हैं, केवल फूलों में नहीं भूलते। तभी मूल से फूल और फल तक, साहित्यिक चरित्र की साधना के कारण, कला की कल्पना पूरी-पूरी उतार देते हैं। केवल फल को देखनेवाले फूल इसीलिए नहीं खिला सकते कि वे फूल को अच्छा और पत्ते को खराब मानते हैं। माली या कृषक ऐसा नहीं समझता। उसकी दृष्टि में मिट्टी, खाद, बीज, पौधा, पत्ता, सभी का बराबर महत्त्व है। इन्हीं के उत्कर्ष का परिणाम फूल और फल है, वह जानता है। ऐसा ही एक सच्चरित्र साहित्यिक की दृष्टि में है। सभी के चित्रण में बराबर कौशल प्राप्त करना पड़ता है, इसलिए सभी उसके पास कीमती हैं। अच्छी तरह देखिए, तो पत्ता फूल से कम खूबसूरत नहीं, न डाल, न तना, न जड़, यह उसे मालूम है। यही दृष्टि पठित साहित्यिक को, बाद को, प्राप्त होती है, वह साहित्योपवन मौलिक माली होता है।"[42]

व्यक्ति-स्वातन्त्र्य

इधर रचनाकार व्यक्ति-स्वातन्त्र्य की चर्चा अधिक करने लगे हैं। किन्तु इसकी जड़ बहुत दूर तक गहरे गड़ी हुई है। यदि संस्कृत काव्यशास्त्र में झाँककर देखें तो वहाँ स्पष्ट कहा गया है—'निरंकुशाः कवयः'। इसका अर्थ व्यक्ति-स्वातन्त्र्य ही है। ध्वन्यालोक में कवि को प्रजापति कहा गया है।[43] इस निस्सीम संसार में एक कवि ही प्रजापति है। जैसा वह देखता, अनुभव करता है वैसा ही वस्तुओं को रूपान्तरित कर देता है। वहाँ पर बाह्य जगत् की अस्वीकृति नहीं है, बल्कि कवि कल्पना द्वारा नए रूपान्तरण की स्वीकृति है।

निराला ने व्यक्ति-स्वातन्त्र्य पर विशेष जोर दिया है। उसकी घोषणा है—"मैंने मै शैली अपनाई।" लेकिन 'मै' शैली भाई के दुःख से पूर्णतः सम्पृक्त है। मुक्त छन्द के सन्दर्भ में इसे और भी स्पष्ट कर दिया गया है—"मनुष्यों की मुक्ति

कर्मों के बन्धन से छुटकारा पाना है और कविता की मुक्ति छन्दों के शासन से अलग हो जाना। जिस तरह मुक्त मनुष्य कभी किसी तरह भी दूसरे के प्रतिकूल आचरण नहीं करता, उसके तमाम कार्य औरों को प्रसन्न करने के लिए होते हैं—फिर भी स्वतन्त्र, इसी तरह कविता का भी हाल है।"[44]

'सुधा' की एक टिप्पणी 'हमारा वर्तमान काव्य' में वे 'रस' के पूर्व रूप का विरोध करते हैं—"पर रस-परिपाक के लिए जो करण-कारण आए, अब वे पूर्वोक्त 'प्रमाण' के असत्य होने की तरह अनावश्यक प्रतीत हो रहे हैं। जो भेद पहले किए गए, अब के कवि देखते हैं, उनके अनेक भेद हो सकते हैं, यदि भेद किए जाएँ। इसलिए वर्तमान काव्य-साहित्य पहले के दायरे से ही बाहर हो गया है...उक्तियों की नवीनता इसी स्वातन्त्र्य का परिचय देती है।"[45] रस के पूर्व रूप का विरोध आचार्य शुक्ल और आचार्य वाजपेयी ने भी किया है। यह स्वतन्त्र चिन्तन का परिणाम है।

इसी टिप्पणी में वे एक दूसरे स्थान पर लिखते हैं—"अपर देशों में जिस किसी महाकवि ने काव्य की आत्मा तक पहुँचकर अपनी स्वतन्त्रता का काव्य में परिचय दिया है—जैसे उमर खय्याम, वर्ड्सवर्थ, शेली, माइकेल मधुसूदन या रवीन्द्रनाथ—उसे ही प्राचीन रूढ़ियों के अनुकूल काव्य न करने के कारण जनता द्वारा विष-बुझे आक्षेप-बाणों का प्रहार मिला है। पर कीट्स की तरह स्वतन्त्र कवि को, आक्षेपों से मृत्यु तक स्वीकृत होती है, काव्य का कदर्य स्वतन्त्रता अपहरण उसे असह्य है। उसके पीछे बहुत दिनों बाद उसके पास पहुँचनेवाले नए साहित्यिक फिर उसी के प्रदर्शित पथ को काव्य का शब्द-पथ स्वीकार करते हैं। हमारे साहित्य में भी काव्य के स्वतन्त्र राजपथों का निर्माण होने लगा है, पर जनता अपने प्राचीन परिच्छेद के कारण उस पथ पर चलते हुए संकुचित होती है, अज्ञान के कारण आक्षेप करती है।"[46]

सच्चे अर्थों में स्वतन्त्र होकर मनुष्य किसी के विरुद्ध आचरण नहीं करता। वह अपने ही तन्त्र 'स्व' से अनुशासित रहता है। जैनेन्द्र स्वच्छन्दतावाद (छायावाद) काल के कथाकार हैं। रचनाकार की स्वतन्त्रता का समर्थन करते हुए वे 'परख' की भूमिका में लिखते हैं—"मैंने इसमें काफी स्वतन्त्रता से काम लिया है। पर विश्वास है, उसका दुरुपयोग नहीं किया। जो दुरुपयोग नहीं करता उसके हाथ में मैं ज्यादा-से-ज्यादा स्वतन्त्रता देने से नहीं डरता। जो जानता है, स्वतन्त्रता बड़ी कीमती चीज है, उसका अपव्यय और उसका कदर्य उपयोग करना मानो उसकी हत्या करना है, वह स्वतन्त्रता अपनाएगा तो उसे कोई नहीं टोक सकेगा। मैं यही कहता हूँ।"[47]

व्यक्ति-स्वातन्त्र्य का समर्थन प्रत्येक युग में होता आया है। व्यक्ति-स्वातन्त्र्य की सीमा तो हो सकती है लेकिन उसका अपहरण नए विप्लव की सृष्टि करना है। ऊपर के विवेचन में जिस व्यक्ति-स्वातन्त्र्य का उल्लेख किया गया है भिन्न-भिन्न काल खण्डों में उसके विभिन्न कारण हैं। संस्कृत के आचार्य सिद्धान्तों की जकड़बन्दी के विरुद्ध स्वातन्त्र्य का समर्थन करते हैं, छायावादी कवि रीतिबद्ध कविता के विरुद्ध। इधर रघुवीर सहाय ने अपने अनेक लेखों में, जो अब 'यथार्थ यथास्थिति नहीं' में संगृहीत हो चुके हैं, व्यक्ति-स्वातन्त्र्य के मूल में मार्क्सवादी जड़ता की प्रतिक्रिया क्रियाशील है। जो कुछ भी हो, इसमें सन्देह नहीं कि उत्तरदायित्वपूर्ण व्यक्ति-स्वातन्त्र्य लोकतन्त्र का भी जीवन है।

सन्दर्भ

1. बच्चन सिंह : आलोचना, अंक-93, पृ. 5
2. रामविलास शर्मा : भारत में अँग्रेजी राज और मार्क्सवाद, खण्ड-2, पृ. 149
3. विपिन चन्द्र : स्वतन्त्रता संग्राम, पृ. 49
4. वही, पृ. 55
5. अयोध्या सिंह : भारत का मुक्तिसंग्राम, पृ. 309
6. विपिनचन्द्र : स्वतन्त्रता संग्राम, पृ. 123
7. वी.एस. नरथणे : आधुनिक भारतीय चिन्तन (1966) के पृ. 192 से उद्धृत
8. आलोचना-86 के सम्पादकीय से उद्धृत, पृ. 4
9. वही, पृ. 102
10. रामचन्द्र शुक्ल : हिन्दी साहित्य का इतिहास (नवा संस्करण), पृ. 639
11. सं. नन्दकिशोर नवल : निराला रचनावली-6, पृ. 363
12. वही, पृ. 336
13. वही, पृ. 365
14. वही, पृ. 61
15. वही, पृ. 62
16. वही, पृ. 67-68
17. वही, पृ. 102
18. के. दामोदरन : भारतीय चिन्तन परम्परा, पृ. 270
19. सं. नन्दकिशोर नवल : निराला रचनावली-6, पृ. 105
20. वही, निराला रचनावली-1, पृ. 78
21. वही, निराला रचनावली-2, पृ. 162

22. महादेवी वर्मा : शृंखला की कड़ियाँ, पृ. 12
23. सं. नन्दकिशोर नवल : निराला रचनावली-6, पृ. 119
24. वही, पृ. 121
25. वही, पृ. 360
26. वही, पृ. 360
27. वही, पृ. 361
28. वही, पृ. 251-252
29. वही, पृ. 352
30. वही, निराला रचनावली-5, पृ. 125-26
31. वही, पृ. 159
32. रामविलास शर्मा : निराला की साहित्य-साधना-2, पृ. 51
33. सं. नन्दकिशोर नवल : निराला रचनावली-6, पृ. 450
34. वही, निराला रचनावली-5, पृ. 362-63
35. मुक्तिबोध : नए साहित्य का सौन्दर्यशास्त्र, पृ. 78
36. सं. नन्दकिशोर नवल : निराला रचनावली-5, पृ. 363
37. वही, पृ. 472
38. वही, पृ. 472
39. वही, पृ. 504
40. वही, पृ. 473
41. वही, पृ. 306
42. वही, पृ. 523
43. असारे काव्यसंसारे कविरेकः प्रजापतिः।
    यथा सो रोचते विश्वं तयेदं परिवर्तते। –ध्वन्यालोक, पृ. 498
44. सं. नन्दकिशोर नवल : निराला रचनावली-1, पृ. 401
45. वही, निराला रचनावली-5, पृ. 494
46. वही, पृ. 494-95
47. जैनेन्द्र : परख, भूमिका

तृतीय अध्याय

मुक्ति का आह्वान

अँग्रेजी साम्राज्यवाद और शोषण के विरुद्ध कविता लिखने का कार्य भारतेन्दु-युग में ही आरम्भ हो चुका था। भारतेन्दु हरिश्चन्द्र अपनी कुछ कविताओं, कुछ नाटकों और निबन्धों में अपने ढंग से अँग्रेजों के शोषण तथा लूट का विरोध कर रहे थे। उनके दूसरे सहयोगी प्रतापनारायण मिश्र और बालकृष्ण भट्ट का स्वर भी भारतेन्दु से भिन्न नहीं था। किन्तु भारतेन्दुयुगीन कविता तथा साहित्यिक विधाओं में जो कुछ व्यक्त हुआ है, उसमें राजभक्ति और देशभक्ति का अन्तर्विरोध दिखाई पड़ता है। यह अन्तर्विरोध किसी सीमा तक द्विवेदीयुगीन कविताओं में भी दिखाई देता है। इन दोनों युगों का साहित्य भारतीय नवजागरण की पहली मंजिल से जुड़ा हुआ था। किन्तु छायावादी कविताएँ अपनी पूर्ववर्ती कविताओं से रूप-विन्यास और वस्तु-तत्त्व दोनों में भिन्न हो जाती हैं। इस भिन्नता को और स्पष्ट रूप से निराला की कविताओं में रेखांकित किया जा सकता है।

निराला अपने काल के सबसे अधिक जागरूक कवि थे। उन्होंने कविता को ही छन्द के बन्धनों से मुक्त नहीं किया, बल्कि देश की जनता में भी जागरण का शंख फूँका। निराला के समय में महात्मा गाँधी के नेतृत्व में अँग्रेजी उपनिवेशवाद के विरुद्ध युद्ध छिड़ा हुआ था। काँग्रेस के राष्ट्रीय संग्राम के साथ-साथ भारतीय क्रान्तिकारियों ने अँग्रेजों के विरुद्ध हथियार उठाया। यद्यपि क्रान्तिकारियों के प्रयास के पीछे कोई सुनिश्चित विचारधारा नहीं थी, फिर भी उनकी सशस्त्र कार्यवाहियों का प्रभाव अँग्रेज शासकों पर पड़ा। आश्चर्य है कि निराला की कविताओं पर गाँधीवाद का प्रभाव नहीं मिलता। उनके समकालीन अन्य कवियों की रचनाओं पर–चाहे वे कथा-साहित्य हो या कविता–गाँधीवाद की प्रगाढ़ छाया दिखाई पड़ती है। निराला की क्रान्तिकारी कविताओं में भी सुनिश्चित विचारधारा नहीं मिलेगी।

पर उनमें क्रान्ति की विध्वंसक स्वर और विद्रोह की ओजस्विनी वाणी मिलेगी, लेकिन यह अजराकतावादी न होकर रचनात्मक है। निराला की अधिकांश कविताओं में राजनीति की प्रच्छन्न या प्रत्यक्ष स्थितियों का चित्रण हुआ है। वे अपनी रचनाओं को प्रायः आत्मकथात्मक बनाकर राजनीति को कविता का अनिवार्य अंग बना देते हैं। इसका परिणाम यह होता है कि राजनीति को कविता से अलग निचोड़कर नहीं रखा जा सकता। उनकी सांस्कृतिक कविताएँ भी राजनीति विरहित नहीं हैं।

निराला के जीवन में एक ऐसा समय भी आता है जब उन्हें गहरे नैराश्य का अनुभव होने लगता है। इस कालावधि में लिखी गई भक्तिपरक तथा अन्य रचनाओं में करुणा मिश्रित किन्तु धारदार राजनीतिक चेतना की अभिव्यक्ति हुई है। इन बातों के पुष्ट्यर्थ उनकी कुछ चुनी हुई रचनाओं की विवेचना अपेक्षित है। इन रचनाओं को भी कुछ कोटियों में विभक्त किया जा सकता है। यद्यपि कुछ कविताओं को एक कोटि में तथा दूसरी कविताओं को अन्य कोटि में रखना बहुत वैज्ञानिक नहीं माना जा सकता। किन्तु विश्लेषण की सुविधा के लिए यह आवश्यक भी है।

मुक्ति का आग्रह

सन् 1920 ई. में निराला ने 'जन्मभूमि' शीर्षक एक कविता लिखी। यह उनकी पहली प्रकाशित कविता है। इस कविता में मुक्ति का आह्वान सूक्ष्म ढंग से किया गया है। तीन बन्दों की इस कविता के प्रत्येक बन्द में दो पंक्तियाँ दुहराई गई हैं–

बधिर विश्व चकित भीत सुन भैरव वाणी।
जन्मभूमि मेरी है जगन्महारानी ॥ (नि.र. 1)

भैरव राग निराला का प्रिय राग है। जगह-जगह इस राग की प्रतिध्वनि सुनाई पड़ती है। यहाँ पर कवि भैरव वाणी के प्रभाव को व्यक्त करता हुआ कहता है कि इसे सुनकर संसार बधिर, चकित और भयग्रस्त हो उठा है। जन्मभूमि के गौरव की यह छायावादी या रोमाण्टिक कल्पना है।

मातृ वन्दना का एक सांस्कृतिक गीत 'गीतिका' में भी संग्रहित है–भारति जय विजय करे। यदि निराला के इस गीत के साथ मैथिलीशरण गुप्त की 'भारती-वन्दना' रखकर देखी जाय तो दोनों कवियों के दृष्टिकोण का अन्तर स्पष्ट हो जाता है। गुप्त जी की रचना 'नीलाम्बर परिधान हरित पट पर सुन्दर है' से सभी परिचित हैं। गुप्त जी के गीत में एक प्रकार की इतिवृत्तात्मकता और भावनामयता है किन्तु निराला के गीतों पर बौद्धिकता और सांस्कृतिकता का संस्कार है। मातृभूमि

सम्बन्धी इस दूसरे गीत में जो वृहत्तर सांस्कृतिक आयाम प्रस्तुत किया गया है वह भी तत्कालीन नवजागरण से सम्पृक्त हो जाता है।

सन् 24 में स्वाधीनता पर लिखी गई दो कविताएँ 'मतवाला' में प्रकाशित हुई थीं। बाल गंगाधर तिलक ने बहुत पहले ही घोषित किया था कि स्वतन्त्रता हमारा जन्मसिद्ध अधिकार है। आज के जनतान्त्रिक समाज में स्वाधीनता एक मूल्य के रूप में मानी जाने लगी है। पश्चिम के समाजवादी देशों में इस मूल्य के बाधित होने पर जो विस्फोट हुआ है उससे भी स्वाधीनता की मूल्यवत्ता पहचानी जा सकती है। स्वाधीनता पर लिखी गई पहली कविता में स्वाधीनता के सम्बन्ध में वे एक दार्शनिक प्रश्न उछालते हैं–यह विश्व स्वाधीन है या पराधीन। इसके अनन्तर वे शास्त्र निरूपित गमनागमन का प्रश्न उठाते हैं। माया का भी सवाल उठता है, लेकिन कवि कहता है–

माया नहीं जानता मैं...
जानता हूँ एक बस स्वाधीन शब्द।
बहती है समीर,
पुष्प के शून्य उर में लेती स्वाधीन साँस,
पाती है सुरभि स्वाधीन गति।...
आवर्तन-परिवर्तन-नर्तन-सुखकीर्तन में,
विपुल उल्लासमय विश्व के क्षण-क्षण में,
भूधर महान और क्षुद्र कण-कण में
एक स्वाधीनता का गूँजता है विपुल हर्ष।[1]

इस कविता में स्वाधीन शब्द को वह रेखांकित करता है। छायावादी कवियों की, विशेषरूप से निराला की, यह विशेषता रही है कि किसी महत्त्वपूर्ण विचार और सन्दर्भ को विश्वजनीन और विराट बना देते हैं। यह विराटता उनकी सभी महत्त्वपूर्ण कविताओं में दिखाई पड़ेगी। स्वाधीनता सम्बन्धी दूसरी कविता में अपनी कविता को एक नया लय देता हुआ सम पर आ जाता है–

भ्रमर का गुंजार,
वह भी स्वाधीन;
पक्षियों का कलरव,
वह भी स्वाधीन।[2]

स्वाधीनता की कल्पना वह भूकम्प की गति के रूप में करता है। जिस

प्रकार भूकम्प की गति को कोई व्यवस्था रोक नहीं सकती, वैसे ही स्वाधीनता के विचार को कोई भी व्यवस्था अवरुद्ध नहीं कर सकती। यहाँ पर व्यवस्था से औपनिवेशिक साम्राज्यवाद की ओर संकेत किया गया है। वास्तविकता तो यह है कि किसी भी सचमुच की प्रगतिशील धारा को बहुत दिनों तक रोका नहीं जा सकता। अपनी 'धारा' नामक कविता में भी उन्होंने धारा को अप्रतिरोध्य माना है। उसमें तो धारा रोकनेवालों का कवि ने मजाक भी उड़ाया है। व्यवस्था भय पैदा करती है। निराला का कहना है कि–

"स्वाधीनता का ही
एक और अर्थ 'निर्भय' है।"[3]

'धारा' कविता में मुक्ति का समर्थन है, किन्तु मुक्ति की दिशा बदल गई है। यों धारा विचारों की भी हो सकती है और काव्यान्दोलन की भी। कविता में अर्थ के अनेक स्तर हुआ करते हैं। इसलिए धारा से विचारधारा का अर्थ भी लिया जा सकता है और काव्यान्दोलन का भी। एक जगह पर उन्होंने लिखा है कि–

आज हो गए ढीले सारे बन्धन,
मुक्त हो गए प्राण,
रुका है सारा करुणा-क्रन्दन।[4]

यह कविता सन् 23 में छपी है। उस समय राष्ट्रीय आन्दोलन को कुचलने का प्रयास अँग्रेज सरकार कर रही थी। छायावादी कविता को ध्वस्त करने का प्रयास आलोचकों की ओर से हो रहा था। निराला जी ने उन्हें कुंजरगंधी भूधर आदि के रूप में याद किया है।

'गए रूप पहचान' में वह स्पष्ट लिखता है कि–

चूम चरण मत चोरों के तू। गले लिपट मत गोरों के तू।[5]

जाहिर है कि अपने सही रूप की पहचान करने के लिए गोरे महाप्रभुओं के प्रति इस प्रकार का दृष्टिकोण अपनाना जरूरी था। राष्ट्रीय आन्दोलन में ऐसे लोगों का एक वर्ग था जो अँग्रेजों की सहायता कर रहा था। काव्य की दृष्टि से यह कविता महत्त्वपूर्ण नहीं है, किन्तु तत्कालीन परिवेश को देखते हुए इस कविता के भावात्मक महत्त्व को अस्वीकार नहीं किया जा सकता।

'गीतिका' की पहली रचना 'वर दे वीणा वादिनि वर दे!' केवल सरस्वती वन्दना ही नहीं है, बल्कि स्वातन्त्र्य का सांस्कृतिक आह्वान भी है। इसका पहला

ही बन्द है–

वर दे, वीणावादिनि वर दे!
प्रिय स्वतन्त्र-रव अमृत-मन्त्र नव
भारत में भर दे![6]

स्वतन्त्र-रव के साथ ही प्रिय विशेषण निराला के अपने दृष्टिकोण की सूचना तो देता ही है। सन् 30 ई. में महात्मा गाँधी ने अपनी प्रसिद्ध दांडी यात्रा की थी। उस समय भारतवासियों को नमक बनाने का भी हक नहीं था। इस सत्याग्रह में गाँधीजी को गिरफ्तार कर लिया गया। उसके फलस्वरूप साठ हजार आदमियों ने सत्याग्रह आन्दोलन में अपने को गिरफ्तार करवाया। इसी समय (सन् 30-31 ई. में) किसान आन्दोलन में भी तेजी आई। सारा देश स्वतन्त्रता के गगनभेदी नारे से गूँज रहा था। इस परिप्रेक्ष्य में देखने पर प्रिय विशेषण की संगति लग जाती है। वह माँग कर रहा है कि इस स्वतन्त्र-रव को भारतवर्ष के अणु-परमाणु में भर दो। वह 'वीणावादिनि' से 'नवगति नव लय ताल छन्द नव' का ही वरदान नहीं माँग रहा है बल्कि 'नव जलद मन्द्र-रव' के लिए भी प्रार्थना कर रहा है। नए 'जलद-मन्द्र-रव' की ध्वनि यह है कि इससे स्वतन्त्रता की आवाज और भी तेज होगी। अन्तिम पंक्ति में वह लिखता है–

नव नभ के नव विहग-वृन्द को
नव पर, नव स्वर दे।[7]

यह कौन-सा नया नभ है, जिसकी ओर निराला संकेत कर रहे हैं? यह उस समय का मुक्तिपरक परिवेश है जहाँ वह उड़ने के लिए यानि मुक्ति के लिए नया 'पर' पाना चाहता है, किन्तु इतने से ही उसका काम नहीं चलता। स्वतन्त्रता के आकांक्षी विहग-वृन्द को नए स्वर की आवश्यकता थी। इस नए स्वर की टिप्पणी करना व्यर्थ है। यह पूरी कविता सरस्वती-वन्दना के रूप में लिखी जाकर भी एक राजनीतिक कविता बन जाती है।

मुक्ति निराला का अत्यधिक प्रिय विषय रहा है। बन्धन चाहे जिस प्रकार का हो वह निराला जैसे स्वच्छन्दतावादी कवि को प्रीतिकर नहीं लग सकता था, किन्तु बन्धनों के तोड़ने का मतलब अराजकता नहीं है। बन्धनों को तोड़ने में बेहतर समाज और बेहतर व्यक्तित्व के निर्माण की भावना निहित है। 'टूटे सकल बन्ध' शीर्षक कविता में वह कलिकाल के बन्धनों के टूटने की आकांक्षा व्यक्त करता है। कलि चारों युगों में निकृष्टतम युग माना जाता है। अन्याय, अज्ञान, अत्याचार

आदि का बोलबाला रहता है। कलिकाल की निन्दा में बहुत कुछ लिखा गया है। इसलिए निराला ने कलिकाल के बन्धनों को तोड़ने की बात कहकर सात्विकता के प्रसार का समर्थन किया है। बिना इन बन्धनों के टूटे नए का निर्माण नहीं हो सकता। ज्ञान का प्रकाश कलिकाल के अन्धकार को दूर करेगा। निराला ने लिखा है–

टूटें सकल बन्ध
कलि के, दिशा-ज्ञान-गत हो गहे बन्ध।
रुद्ध जो धार रे
शिखर-निर्झर झरे,
मधुर कलरव भरे
शून्य शत-शत रन्ध्र।[8]

'किसकी तलाश में हो' (नि.र. 2, पृ. 171) इस कविता में कांग्रेसियों और अँग्रेजों के बीच होनेवाले उस समझौते की ओर संकेत किया गया है, जिसके आधार पर देश को राज्य मिला। 'पटरी बैठने' में हलका-सा व्यंग्य का पुट भी है। यह व्यंग्यात्मकता निराला की अपनी राजनीतिक विचारधारा के निकट है। यह पटरी कुछ लोगों के बीच बैठनी है जो सम्पूर्ण राष्ट्र की गरीब जनता के हित में नहीं हो सकती।

जागो फिर एक बार

वास्तव में आधुनिक काल जागरण काल ही है। ऐतिहासिक दृष्टि से जागरण की पहली किरण बंगाल के क्षितिज पर दिखाई पड़ी। धीरे-धीरे इसका प्रकाश देश के अन्य भागों में भी फैल गया। इसे फैलाने का श्रेय समाज-सुधारकों, राजनीतिज्ञों के साथ-साथ साहित्यकारों और कलाकारों को भी है। बंगाल में राजा राममोहन राय, ईश्वरचन्द्र विद्यासागर, उत्तर भारत में दयानन्द सरस्वती, एनी बेसेण्ट, दक्षिण में महात्मा फुले आदि समाज सुधारकों को जाता है। बंगाल के कवियों और लेखकों में बंकिमचन्द्र, रवीन्द्रनाथ टैगोर, माइकेल मधुसूदन दत्त आदि नवजागरण के अग्रदूत हैं। हिन्दी के कवियों में सबसे पहले यह काम भारतेन्दु हरिश्चन्द्र ने अपने हाथ में लिया। उनके नाटकों की कई कविताओं में सोए हुए भारतवासियों को जगाया जाता है। मैथिलीशरण गुप्त के 'भारत-भारती' को जागरण का ही काव्य कहा जा सकता है। लेकिन छायावादी कवियों के जागरण गीत पूर्ववर्ती कवियों के जागरण गीतों से अभिव्यंजना की शैली और सांस्कृतिक स्पर्श के कारण बहुत भिन्न हो गए

हैं। भारतेन्दु के जागरण-गीत दैन्य के भार से दबे हुए हैं। भारतवासियों को जगाने के लिए वे ईश्वर से भी प्रार्थना करते हैं। गुप्त जी की अतीतोन्मुखता बहुत कुछ सपाट और हिन्दुओं तक केन्द्रित हो गई है। छायावादी कवियों की कविताओं में जागरण का जो स्वर सुनाई पड़ता है उसमें अपने अतीत के प्रति गहन आस्था तो है ही लेकिन इस आस्था का मुख वर्तमान और भविष्य की ओर उन्मुख है। इन कविताओं में, विशेष रूप से निराला की कविताओं में ऊर्जा और पौरुष के साथ-साथ देश की सांस्कृतिक अस्मिता का अहसास भी कराया गया है।

निराला देश के नए जागरण के लिए आरम्भ से ही सतर्क थे। सन् 1927 में लिखा गया उनका आलोचनात्मक ग्रन्थ 'रवीन्द्र-कविता-कानन' से इसकी पुष्टि हो जाती है। पुस्तक का पहला उपशीर्षक है 'प्रतिभा का विकास'। रवि बाबू की प्रतिभा का विकास अँधेरे से लड़ने में हुआ है। निराला ने उनकी एक कविता का उदाहरण देते हुए अपने मत को पुष्ट किया है–

पड़ेछे आमार आँधार सलिले
एकटि कनक रेखा।[9]

एक दूसरी कविता में उनके प्राणों के जागने का उल्लेख करते हुए वह रवि बाबू की दूसरी कविता उद्धृत करता है–

जागिया देखिन, चारि दिके ओर
पाषाणेर मित कारागार घोर
बुकेर उपरे आँधार बसिया
करिछे निजेरे ध्यान
ना जानि केन रे एतो दिन परे
जागिया उठेछे प्राण।[10]

कहना न होगा कि इस जागरण को लक्ष्य करके ही निराला की कविता में अन्धकार के विरुद्ध कहीं 'मशाल' जलती है तो कहीं 'पुष्कल रवि-रेखा' का प्रकाश। 'स्वदेश-प्रेम' शीर्षक से उनकी राष्ट्रीय कविताओं का अलग से विवेचन किया गया है। किसी कवि की विवेचना करते समय विवेचक का अपना दृष्टिकोण भी महत्त्वपूर्ण होता है। वह उन्हीं तत्त्वों को उभारने का प्रयास करेगा जो उसके मनोनुकूल होगा। निराला अपने ढंग के कवि होते हुए भी नवजागरण के इसी रावीन्द्रिक परम्परा से जुड़ते हैं। निराला के जागरण गीतों और कविताओं की विशेषता यह है कि वे सामान्यतः जनोन्मुख दिखाई पड़ते हैं। 'जागो फिर एक बार'

उनका प्रतिनिधि जागरण गीत है।

उसकी पहली ही पंक्ति गहन अर्थवत्ता का संकेत करती है। 'एक बार' की ध्वनि यह है कि तुम पहली बार नहीं जाग रहे हो। 'फिर' शब्द से यह बात और भी स्पष्ट हो जाती है। निराला की कविता में जगह-जगह अन्धकार और प्रकाश का गहरा द्वन्द्व है। इस कविता में भी इसका संकेत मिलता है। 'प्यारे जगाते हुए हारे सब तारे तुम्हें'। रात बीत गई है प्रात:काल हो चुका है, इसलिए वह लिखता है–

अरुण पंख तरुण-किरण
खड़ी खोलती है द्वार।[11]

कविता के दूसरे अंश में देशवासियों को जगाने के लिए वह अतीत के कुछ उन बिन्दुओं का स्पर्श करता है जो हमारे जातीय जीवन में महत्त्वपूर्ण भूमिका निभाते रहे हैं। इन बिन्दुओं में कुछ ऐतिहासिक घटनाएँ हैं, कुछ ऐतिहासिक पुरुष हैं और कुछ अत्यन्त महत्त्वपूर्ण दार्शनिक चिन्ताएँ। वक्तृत्व की शैली में ऐसे शब्दों और ध्वनियों को चुना गया है जो समसामयिक परिस्थितियों को उजागर करते हुए भी निराला के अपने समय में भी उतने ही महत्त्वपूर्ण हो उठते हैं। 'सैंधव-तुरगों', 'चतुरंग-चमु' और 'सिन्धु तट देशवासी' से अतीत की वीरता का 'ऑडो विज़ुअल' चित्र प्रस्तुत हो जाता है। यह ऐतिहासिक दृश्यचित्र वर्तमान से निरपेक्ष नहीं है। अतीत प्रेरणा देता है, क्रियाशील बनता है, वर्तमान क़ी समस्याओं से जूझने की शक्ति देता है। सिन्धु देश की वीरता का स्मरण करने के बाद कवि गुरु गोविन्द सिंह की वीरता को 'वीर-जन-मोहन अति दुर्जय संग्राम-राग' कहता है। 'सवा-सवा लाख पर एक को चढ़ाऊँगा' कहकर वह अपनी जातीय वीरता को अत्यन्त प्रभावशाली ढंग से प्रस्तुत कर देता है। यह प्रभाव उस समय और बढ़ जाता है जब वह लिखता है 'शेरों की माँद में आया है आज स्यार।' गोविन्द सिंह के संग्राम की तरह तथा युद्ध दुर्जय नहीं है। शेर और स्यार के पशु-प्रतीकों से कवि भारतीय पक्ष की अद्वितीय वीरता को प्रतिष्ठित करता है। 'गीदड़' शब्द के स्थान पर 'स्यार' तुक के आग्रह से ही नहीं रखा गया है, बल्कि अर्थ भेद की सूक्ष्मता को भी ध्यान में रखते हुए इस शब्द का प्रयोग किया गया है। 'स्यार' सीधे ग्रामीण परिवेश से उठा लिया गया है।

निराला जी अपने इस जागरण सन्देश में व्यक्तियों की इकाइयों तक ही सीमित नहीं रहते हैं। वे कुछ ऐसे शब्दों, अप्रस्तुतों, बिम्बों को भी ले आते हैं, जिनके आधार पर हमारे जातीय जीवन की विशिष्ट पहचान बनती है।

उदाहरणार्थ–सत श्री अकाल, मृत्युंजय व्योम केश के समान, अमृत सन्तान, सहस्त्रार आदि को देखा जा सकता है। यदि निराला की अन्य कविताओं को देखा जाय तो इनमें से कुछ शब्द बार-बार दोहराए गए हैं। इसके बाद सिंही और मेषमाता की तुलना। इस पर जड़ी हुई उनकी टिप्पणी–

योग्य जन जीता है
पश्चिम की उक्ति नहीं–
गीता है, गीता है
स्मरण करो बार-बार।[12]

स्पष्ट है कि भारतीय नवजागरण, पश्चिमी विचारों के आधार पर स्थायी रूप से खड़ा नहीं हो सकता। यदि अपनी कोई दार्शनिक सरणि बनानी ही है तो हमें उपनिषदों, रामायण, महाभारत, गीता आदि का ही आधार ग्रहण करना पड़ेगा। 'पश्चिम की उक्ति नहीं' के द्वारा भारत के पश्चिमीकरण की प्रक्रिया का जोरदार विरोध किया गया है।

आगे की पंक्तियों में ध्यान से देखने पर तत्कालीन परिवेश के स्वतन्त्रता संग्राम और उसके क्रूर दमन का स्पष्ट संकेत दिखाई पड़ता है। वह लिखता है–

पशु नहीं, वीर तुम,
समर-शूर क्रूर नहीं,
काल-चक्र में हो दबे
आज तुम राजकुँवर! –समर सरताज![13]

इसमें क्रूर पशुता को सरलता से पहचाना जा सकता है। अन्त में ऋषियों के महामन्त्र के साथ कविता का समापन होता है। यह महामन्त्र आज भी हमारे जातीय जीवन को अनुप्राणित किए हुए है। जब तक इस महामन्त्र की अनुगूँज सुनाई पड़ती रहेगी तब तक देश के निवासी निरन्तर सन्नद्ध बने रहेंगे–

तुम हो महान्, तुम सदा हो महान्
हे नश्वर यह दीन भाव,
कायरता, काम परता,
ब्रह्म हो तुम,
पद-रज-भर भी है नहीं
पूरा यह विश्व-भार–

जागो फिर एक बार।[14]

'खण्डहर के प्रति' कविता में खण्डहर के बहाने कवि एक प्रकार का जागरण सन्देश भी देता है। छायावादी कवियों में प्रसाद और निराला ने अतीत को प्रायः अपना काव्य-विषय बनाया है। अतीत अपने आपमें काम्य नहीं होता, किन्तु उसमें ऐसा कुछ अवश्य होता है जो हमारे जीवन को ऊर्जस्वित बना जाता है। आरम्भ में ही निराला कहते हैं कि खण्डहर हमें विस्मृति की नींद से जगाता है। यही नहीं वह 'पुरातन-पुरुष' का आशीर्वाद भी भेजता है। इस आशीर्वाद का अर्थ जानने के लिए कवि कहता है–

क्या है उद्देश्य तब?
बन्धन विहीन भव!
ढीले करते हो भव-बन्धन नर-नारियों के?[15]

किन्तु इस खण्डहर से एक सांस्कृतिक ध्वनि भी निकलती है। खण्डहर एक प्रकार की चेतावनी देता हुआ कहता है–

भूले वे मुक्तप्रान, साम-गान, सुधा-पान।[16]

'महाराज शिवाजी का पत्र' एक लम्बी कविता है। यह पत्र शिवाजी द्वारा मिर्जा राजा जयसिंह के नाम लिखा गया था। शिवाजी के पत्र का गद्यानुवाद पढ़कर निराला जी को यह कविता लिखने की प्रेरणा मिली। मूलतः इस कविता में देश की एकता और विदेशी साम्राज्यवाद के विरोध की प्रतिध्वनि है। मिर्जा राजा जयसिंह अत्यन्त वीर और कूटनीतिज्ञ थे। शिवाजी के विरुद्ध औरंगजेब ने जो सेना भेजी थी, उसके सेनानायक जयसिंह ही थे। शिवाजी भारतीय गौरव और वीरता के प्रतीक थे। उन्होंने अपने पत्र में स्पष्ट कहा है कि यदि कुछ लोग एकता के सूत्र में बद्ध होकर औरंगजेब जैसे अत्याचारी सम्राट का विरोध करें तो उसे उखाड़कर फेंक सकते हैं। पत्र में जयसिंह की मर्यादा की रक्षा की गई है और शिवाजी के आत्मसम्मान की भी। शिवाजी ने लिखा है–

उठती जब नग्न तलवार है स्वतन्त्रता की,
कितने ही भावों से,
याद दिला घोर दुःख दारुण परतन्त्रता का,
फूँकती स्वतन्त्रता निज मन्त्र से
जब व्याकुल कान

कौन वह सुमेरु
रेणु-रेणु जो न जो जाय?
इसीलिए दुर्जय है हमारी शक्ति![17]

स्वतन्त्रता की भावना को और भी अधिक तीव्र बनाने के लिए कवि परतन्त्रता के दारुण दु:खों की याद का भी समावेश कर लेता है। इसके कारण शिवाजी की शक्ति दुर्जेय हो जाती है। औरंगजेब जैसे शक्तिशाली सम्राट के छक्के छुड़ाना कोई सामान्य बात न थी। शिवाजी की शक्ति परतन्त्रता के विरुद्ध लड़ने में नहीं थी। इस मनोवैज्ञानिक सत्य को ले आकर निराला अपने समय के साम्राज्य विरोधी आन्दोलन की ताकत की ओर भी इशारा कर रहे थे। औरंगजेब के कई सिपहसालार–शाइस्ता खाँ, अफजल खाँ आदि मात खा चुके थे। अन्त में औरंगजेब को दक्षिण के युद्ध में मिर्जा राजा जयसिंह को भेजना पड़ा। शिवाजी के पत्र में कहा गया है कि यह तो भाई-भाई की लड़ाई है जो नहीं होनी चाहिए। अँग्रेज भी अपने समय में 'फूट डालो और राज करो' की नीति अपनाए हुए थे। बीच-बीच में शिवाजी जयसिंह पर व्यंग्य करने से भी नहीं चूकते–

पास ही तो–देखो,
क्या कहता चित्तौड़-गढ़?
मढ़ गए ऐसे तुम तुर्कों में?
करते अभिमान भी किन पर?
विदेशियों-विधर्मियों पर?
काफिर तो कहते न होंगे कभी तुम्हें वे?
विजित भी न होंगे तुम ओ गुलाम भी नहीं?
कैसा परिणाम यह सेवा का!
लोभ भी न होगा तुम्हें मेवा का महाराज![18]

मिर्जा राजा जयसिंह के दरबारी कवि बिहारी का एक दोहा इस सन्दर्भ में अत्यन्त सटीक ढंग से अभिव्यक्त करता है–

नहिं पराग नहिं मधुर मधु नहिं विकास इहि काल।
अली कली ही सों बँध्यो, आगे कौन हवाल।

कवि जयसिंह के पुरुषत्व को जगाने के बहाने देश के पुरुषत्व को जगा रहा है–

यदि कुछ पुरुषत्व है–

तत्त्व है,
तथा तलवार
सन्ताप से निज जन्म-भूमि के
दुखियों के आँसुओं से
उस पर तुम पानी दो।[19]

इस कविता के सम्बन्ध में दूधनाथ सिंह ने अपनी पुस्तक 'निराला : आत्महन्ता आस्था' में विस्तार से विचार किया है। उनका कहना है कि यदि निराला के आत्मसाक्षात्कार के क्षणों को छोड़ दिया जाय तो यह राजनैतिक दाँवपेंच की कविता मालूम पड़ती है।[20] यह कथन कविता का सरलीकरण कर देता है। कविता को आदि से अन्त तक एक स्थापत्य के रूप में देखना चाहिए। उसके किसी अंश को दूसरे अंश से अलग करके देखने में कविता की मूल अर्थवत्ता और भाषिक संरचना की एकता, दोनों खण्डित हो जाती है। ऐसी स्थिति में कविता को देखने की यह दृष्टि खण्ड दृष्टि है। इसे शिवाजी के समकालीन सन्दर्भ और निराला के अपने समय के राष्ट्रीय आन्दोलन के परिप्रेक्ष्य में न देखने का परिणाम यह होता है कि कविता की वास्तविकता धूमिल पड़ जाती है। निराला के आत्मसाक्षात्कार से मिलकर राजनीतिक दाँवपेंच की यह कविता पाठकों की राष्ट्रीय चेतना को प्रबुद्ध, समृद्ध और संवेदनशील बना देती है। इस स्तर की राजनीतिक कविताओं की संख्या हिन्दी में बहुत कम है। उनका एक दूसरा आरोप है कि इस कविता में निराला हिन्दूवादी प्रतीत होते हैं। अपने इस मत को पुष्ट करने के लिए उन्होंने 'तुलसीदास' की कुछ पंक्तियों को उद्धृत किया है। इस प्रकार का आरोप लगाने के पूर्व निराला के दो निबन्धों को पढ़ लेना चाहिए–पहला निबन्ध 'प्रबन्ध-पद्म' में संकलित 'मुसलमान और हिन्दू कवियों में विचार साम्य है' (निराला रचनावली-5, पृ. 324) और दूसरा निबन्ध है–मासिक पत्रिका 'सुधा' में प्रकाशित सम्पादकीय टिप्पणी 'हमारे हिन्दू और मुसलमान' (निराला रचनावली-6, पृ. 382)।

उनका कहना है कि इस पत्र के माध्यम से निराला प्रकारान्तर से एक हिन्दू भारत की कल्पना करते हैं। इसके प्रमाण में उन्होंने निराला की इन पंक्तियों को उद्धृत किया है–

एक ओर हिन्दू और मुसलमान हों,
व्यक्ति का खिंचाव यदि जातिगत हो जाय।[21]

लेखक की टिप्पणी है–"इसके पक्ष में यह तर्क पूरा नहीं पड़ता कि शिवाजी के चरित्र और उस समय की ऐतिहासिक अनिवार्यताओं के अनुकूल यही विचारधारा उचित जान पड़ती है। यह तर्क इसलिए कम पड़ रहा है कि निराला उस हिन्दुस्तान में रह रहे हैं जहाँ मुसलमान विदेशी नहीं हैं...और यह भी कि 'मुसलमान' एक ऐसा शब्द है, इतना सेंसिटिव शब्द कि उसे प्रतीकार्थ में चाहे जितना प्रयुक्त किया जाय, वह रहेगा 'मुसलमान' ही।...इसे इस रूप में कविता में लाना निहायत खतरनाक है।"[22]

लेखक ने कुछ और पंक्तियों शब्दों को अपने मत के पुष्ट्यर्थ रेखांकित किया है–

सनातन-धर्म धारा शुद्ध
चिह्न भी न हिन्दू सभ्यता का रह जाएगा
और
देव द्विज देश।

उनका कहना है कि शिवाजी का जो चरित्र इस कविता में पेश किया गया है, वह सच नहीं है। यह शिवाजी के चरित्र का मिथक है। दूधनाथ सिंह ने इन आरोपों के आधार पर यह निष्कर्ष भी निकाल लिया है कि निराला 'हिन्दुओं का कवि था।'[23]

कविता में ऐतिहासिक चरित्रों को मिथक के रूप में लिया जाता है। महापुरुषों के चरित्र कालान्तर में मिथक बन जाते हैं। शिवाजी का चरित्र भी मिथक बन गया था। उस मिथक के आधार पर जागरण का नया सन्देश दिया जा सकता था और दिया जा सकता है। चूँकि मुसलमान अब इस देश के निवासी हैं, इसलिए आवश्यक नहीं है कि पुराने इतिहास को विकृत किया जाय या नए सिरे से एक झूठा इतिहास लिखा जाय। निराला ने तत्कालीन ऐतिहासिक सचाई को कविता-बद्ध किया है। ऐतिहासिक सन्दर्भ को काट देने पर कोई भी पाठक उसमें वही पढ़ेगा जो दूधनाथ सिंह ने पढ़ा है। यदि इस प्रसंग को तत्कालीन ऐतिहासिक सन्दर्भ से जोड़ दिया जाय तो हिन्दुओं-मुसलमानों के बीच का भेदभाव एक ऐतिहासिक सचाई के रूप में उभरता है। शिवाजी निश्चित रूप से उस समय हिन्दू जाति के नेता रहे होंगे, उसको अस्वीकार कैसे किया जा सकता है? यहाँ पर 'मुसलमान' का अर्थ पूरी मुसलमान जाति से लेना शब्द को सन्दर्भ से अलग कर देना है। 'देव द्विज देश' भी ऐतिहासिक सचाई है। इसके आधार पर तत्कालीन राजनीतिक संगठनों को मजबूत किया गया होगा। शिवाजी ने जयसिंह को जसवन्त सिंह से मिलने के लिए

ही नहीं कहा बल्कि उन्होंने यह भी बताया है कि मुगल छत्रसाल पर आक्रमण करने की योजना बना रहे हैं, चित्तौड़ से सबक लेने की बात भी पत्र में उठाई गई है। कवि सारे देश को एकता के ऐसे सूत्र में बाँधना चाहता है, जो औरंगजेब के अत्याचार के विरोध के बहाने अँग्रेजी साम्राज्यवाद के विरोध में भी डटकर खड़ा हो सके।

'शिवाजी का पत्र' के पहले इस सन्दर्भ में निराला की दो और कविताएँ द्रष्टव्य हैं–'दिल्ली' और 'जागो फिर एक बार'। 'दिल्ली' में वह कृष्णार्जुन की चर्चा करते हुए पृथ्वीराज चौहान की भी चर्चा करता है। उसे फिरदौस तथा मुसलमानों के शानदार दरबारों की भी याद आती है। यदि वह मुसलमानों के विरुद्ध होता तो 'दिल्ली' कविता के अन्तिम अंश को बदल सकता है। 'जागो फिर एक बार' में गुरु गोविन्द सिंह का उल्लेख यह कहते हुए किया गया है कि एक सिक्ख सवा लाख के बराबर होता है। पूछा जा सकता है कि इसे इतिहास के सन्दर्भ में जड़ देने से अर्थ निकलेगा? 'शिवाजी का पत्र' में कवि की ओर से एक टिप्पणी जड़ी हुई है कि यह शिवाजी के मूल पत्र के अनुवाद पर आधारित है। अनुवाद के मूल अर्थ की रक्षा करना भी कवि का कर्तव्य था, जो कोई निराला पर हिन्दूवादी होने का आरोप लगाता है वह आरोप लगाने के बहाने अपने को धर्मनिरपेक्ष सिद्ध करने का एक रास्ता खोज लेता है। इन सारे सन्दर्भों को देखते हुए दूधनाथ सिंह का तर्क संगत नहीं प्रतीत होता। ऊपर जिन निबन्धों की चर्चा की गई है उनमें हिन्दुओं मुसलमानों के बीच के आन्तरिक अलगाव का स्पष्ट उल्लेख है। निराला ने लिखा है कि वह अलगाव अब भी बना हुआ है। सवाल पूछा जा सकता है कि क्या वह अलगाव वर्तमान समय में नहीं है? सच तो यह है कि दोनों के बीच का फासला अब और बढ़ गया है। इस फासले को अनदेखा करने का मतलब है शुतुरमुर्ग़ की तरह रेत में सिर गाड़ देना। निराला ने अपने उपर्युक्त दोनों लेखों में इस भीतरी अलगाव को दूर करने के लिए कुछ क्रान्तिकारी सुझाव दिए हैं। उन्होंने तो हिन्दुओं-मुसलमानों के बीच वैवाहिक सम्बन्धों का भी समर्थन किया है। ऐसी स्थिति में निराला पर हिन्दूवादी होने का आरोप निराधार मालूम पड़ता है।

निराला का ध्यान विप्लव-गायन, उथल-पुथल, ज्ञान के प्रकाश की ओर ही नहीं गया है; बल्कि जीवन धारण करने के अन्य उपायों की ओर भी उन्होंने ध्यान दिया है। 'जागो जीवन धनिके' की प्रथम दो पंक्तियों में ही वे लिखते हैं–

'जागो जीवन धनिके
विश्व-पण्य प्रिय वणिके।'[24]

प्रश्न उठता है कि 'जीवन धनिके' को 'विश्व-पण्य-प्रिय' के साथ कैसे जोड़ा जाय। 'जीवन' अपने में एक विशाल अर्थवत्ता को समेटे हुए है, लेकिन उसका मूलाधार अर्थ-व्यापार या पण्य है। इसके अभाव में जीवन धारण करना ही सम्भव नहीं है। यदि सम्भव भी हो तो वह किस काम का। इस कविता में बहु-जीवनोपाय का भी उल्लेख किया गया है। यद्यपि निराला ने 'सरोज-स्मृति' कविता में लिखा है कि 'जाना नहीं जीवनोपाय'। इस कविता में जिस आर्थिक आधार को लिया गया है, उस पर निराला जी की स्वयं एक सशक्त टिप्पणी है–

"यह गीत भारत की ऐश्वर्य-शक्ति पर लिखा गया है।...ऐ संसार भर की (बिकने वाली) वस्तुओं से प्रेम करने वाली वणिके! (भारत की दृष्टि भारत के भीतर के व्यवसाय में ही नहीं, बाहर भी जाए, समस्त संसार में फैले, यह भाव यहाँ व्यंजित हैं।)...हाथ में अकलतूलिका ('अकल' शब्द ब्रह्म का विशेषण है, इस तरह मतलब है सब रूप और गुणों से पूर्ण) लेकर जीवन के अनेकानेक उपायों को रंगकर जीवन-निर्वाह के उपायों की तस्वीरें खींचकर, बताकर कि इस-इस तरह जीवन की सार्थकता करो, घर भर दो (भारत को पूर्ण कर दो)। हे भारति, (यहाँ 'भारती' का अर्थ सरस्वती करने से ठीक न होगा, कारण 'भारती' का 'भर तनोधि' से बना धातुगत अर्थ यहाँ है; सिद्धि में इसके बाद भी एक पेंच है; खैर, अर्थ वही भरनेवाली है, जिसमें लक्ष्मीवाला भाव ही पुष्ट है। यहाँ 'भारती' के सरस्वती-अर्थ की भी सार्थकता की जा सकती है; पर मेरा मतलब लिखते समय धातुगत अर्थ से था।) भारत को फिर खान, बाजार और ज्ञान का वर दो (जिससे वह यह सब समझे)।"[25]

निराला की बहुत-सी अन्य कविताओं में जहाँ-तहाँ जागरण का स्वर डाल दिया गया है। 'तुलसीदास' का प्रबन्ध विधान जागरण के ताने-बाने से ही बुना गया है। कविता का समापन–'प्राचीन-दिगंत उर में पुष्कल रवि-देखा'[26] स्वयं जागरण को प्रतिफलित करता है।

दूसरों को जगाने के साथ-साथ कवि तुलसीदास के बहाने आत्म-जागृति पर भी प्रकाश डालता है–

देशकाल के शर से बिंधकर
यह जागा कवि अशेष-छविधर।[27]

क्रान्ति गीत

'बादल राग' कविता से कवि के क्रान्तिकारी व्यक्तित्व पर प्रकाश पड़ता है। वर्षा-ऋतु और बादल पर निराला ने जितनी अधिक कविताएँ लिखी हैं उतनी

शायद ही किसी अन्य कवि ने लिखी हों। बादल अपने आपमें महत्त्वपूर्ण तो है ही, निराला की क्रान्तिकारी अवधारणाओं से मिलकर और भी महत्त्वपूर्ण हो जाता है। बादल की क्रान्तिकारिता ऊपर से थोपी हुई नहीं है, वह कविता के भीतर से पैदा होती है। कला के प्रति निराला की सचेतता कहीं लुप्त नहीं होती।

'बादल राग' कविता 1924 ई. में प्रकाशित हुई थी। ठीक एक वर्ष पहले 1923 ई. में उसने 'जलद के प्रति' एक कविता लिखी थी। इसमें कवि 'जलद' को 'जीवनद' बना देता है। उसको वह जाति जीवन से भी जोड़ देता है। 'बादल राग' के बाद भी बादल से सम्बद्ध अनेक कविताएँ मिलती हैं–'मेघ के घनकेश', 'घन गर्जन से भर दो वन', 'बादल में आए जीवन घन', 'वारिद वन्दना' आदि। इन सभी कविताओं में बादल को जो सर्जनात्मक रूप दिया है, वह अन्यत्र नहीं मिलेगा। गर्जन से तो बादल का अनिवार्य सम्बन्ध है ही, किन्तु इसका एक रचनात्मक पक्ष भी है। 'घन गर्जन से भर दो वन' में वह लिखता है–

गरजो हे मन्द्र, वज्र-स्वर,
थर्राए भूधर-भूधर,
झरझर झरझर धारा झर
पल्लव-पल्लव पर जीवन।[28]

'बादल में आए जीवन-घन' की एक पंक्ति में वह स्पष्ट करता है–

'बरस गई जलधार विश्व-सृज'।[29]

'बादल-राग' में ध्वंस भी है और सृजन भी। इस तरह एक मुकम्मल कविता के रूप में सामने आती है। मुकम्मल कविता होकर के भी यह एक राजनीतिक कविता है और राजनीतिक कविता होकर के भी अपने आपमें मुकम्मल कविता है। राजनीति और कविता के बीच में कहीं पर कोई दरार नहीं है। सबसे पहले प्रबुद्ध पाठक का ध्यान 'बादल राग' शीर्षक पर ही जाता है। राग-रागिनियों की सूची में 'बादल राग' का नाम कहीं नहीं है। निराला को संगीत में गहरी रुचि थी। अच्छे गायक होने के साथ-साथ वे संगीत के सिद्धान्तों के भी जानकार थे। उनकी कविताओं में ताल-लय और राग-रागिनियों का प्रायः उल्लेख मिलता है। मालकोष, इमन, मेघ-मल्हार, सुर-बहार आदि के साथ प्रश्न उठता है कि यह बादल-राग कौन-सा है? उन्होंने केवल 'बादल-राग' का ही उल्लेख नहीं किया है, बल्कि 'संग्राम-राग', 'विवाह-राग' आदि की चर्चा भी कविताओं के बीच-बीच में आई है। इन रागों का लाक्षणिक अर्थ है। बादल-राग अपनी लाक्षणिकता में सर्जनात्मक

क्रान्ति का अर्थ देता है। तुम अपना अमर राग सम्पूर्ण परिवेश में भर दो। कवि ध्वन्यात्मकता के माध्यम से ध्वनि बिम्बों के माध्यम से बादल का अत्यन्त गत्यात्मक बिम्ब प्रस्तुत करता है। बादल का यह चित्र प्रस्तुत करते समय लय का विधान किया गया है। लेकिन जहाँ शीघ्रतापूर्वक उसके किसी तत्त्व को अंकित किया गया है, वहाँ पर एक छोटा-सा वाक्य रख दिया है–

मचा हलचल
चल रे चल![30]

हलचल भरे इस बादल का क्रान्तिकारी रूप दूसरे बन्द में दिखाई पड़ता है। दूसरा बन्द सम्बोधनों से भरा पड़ा है–

ऐ निर्बन्ध!/ऐ स्वच्छन्द!/हे उच्छृंखल!/हे उद्दाम!/ऐ विप्लव के प्लावन!/ऐ सम्राट!/ऐ अटूट पर छूट-टूट पड़नेवाले उन्माद/ और बन्द का अन्त इन पंक्तियों द्वारा होता है–

भय के मायामय आँगन पर
गरजो विप्लव के नव जलधर![31]

इसकी व्याख्या करते हुए निराला जी ने स्वयं लिखा है–"अन्तिम पंक्ति का 'विप्लव' सारा ठाट बदल देता है। व्यंग्यार्थ सामने आ जाता है। 'विप्लव' एक ऐसा शब्द है जो मूल में वाच्यार्थ के अनुकूल जलराशि का अर्थ रखता हुआ, पहले के हुए प्रयोग के अनुसार अर्थात् दूसरे अर्थ से युगान्तर क्रान्ति की याद दिलाता है। यह युगान्तर साहित्यिक, राजनीतिक, धार्मिक, सामाजिक जिस तरफ भी चाहें, फेर सकते हैं। 'विप्लव' शब्द के साथ जो भाव जगता है, वह अन्य शब्दों की लक्षणा-शक्ति से पूरे वाक्य को दूसरे सार्थक रूप (सैकेण्डरी मीनिंग) में बदल देता है, बाद को सारा पद्य पूर्णार्थ व्यंग्य में बदल जाता है।

'भय के मायामय आँगन पर
गरजो विप्लव के नव जलधर!'

इसमें आए 'भय' के विषय जीव-जन्तुओं का वर्णन पहले हो चुका है, यानी बादल जिस पर अत्याचार करता है, उनके नाम गिनाए जा चुके हैं। यहाँ 'विप्लव' की लाक्षणिकता के फूटते ही सारे शब्द-पद लाक्षणिक हो उठते हैं और उनसे पैदा हुआ व्यंग्यार्थ स्पष्ट प्रतीयमान होने लगता है।"[32]

तीसरे बन्द में बादल के आने का समाचार नाद योजना द्वारा दिया गया है–

पूर्ण मनोरथ! आए–
तुम आए,
रथ का घर-घर नाद
तुम्हारे आने का संवाद।[33]

'तुम आए' में 'तुम' शब्द बादल के अपने विशिष्ट निजी व्यक्तित्व को रेखांकित करता है। इसी बन्द के अन्त में लिखा गया है–

"आज अनिश्चित पूरा होगा श्रमित प्रवास,
आज मिटेगी व्याकुल श्यामा के अधरों की प्यास।"[34]

बादल का कार्य धरती की प्यास बुझाना है। कविता के सन्दर्भ में श्यामा का लाक्षणिक अर्थ धरती ही है। बादल का रंग श्याम होता है इसलिए उसकी प्रिया को श्यामा कहना पूरे प्रसंग को अर्थवान बना देता है।

छठे बन्द में बादल का विध्वंसकारी रूप रचनात्मकता में बदल जाता है। पृथ्वी के गर्भांकुर आशा भरी दृष्टि से बादल को देखते हैं। छोटे-छोटे उसे देखते हैं, सोल्लास उसे बुलाते हैं। धनी उसके वज्र गर्जन से काँपते हैं और किसान–जीर्ण किसान–उसे बुलाते हैं। पृथ्वी के सुप्त अंकुर ताक रहे हैं। विप्लव के गर्जन-तर्जन से प्रसन्न पौधे का उल्लेख करते हुए कवि कहता है–विप्लव रव से छोटे ही हैं शोभा पाते। धनी बादल के वज्र गर्जन से भयभीत हैं। बाद में कवि स्वयं बादलों को सम्बोधित करता हुआ कहता है–

तुझे बुलाता कृषक अधीर,
ऐ विप्लव के वीर![35]

निराला अत्यन्त सचेत कलाकार हैं। पृथ्वी के सुप्त अंकुरों के लिए उन्होंने लिखा है कि–वे विप्लव के बादलों को ताक रहे हैं। 'ताकने' में जो आशा, आकांक्षा और निरीहता है, वह 'देखने' में नहीं है। पौधों के पहले कवि एक विशेषण लगाता है–'छोटे'। उल्लास छोटे पौधों में है। वह अन्त में स्पष्ट कहता है कि 'विप्लव रव से छोटे ही हैं शोभा पाते।' बादल विप्लव का भाई है। अन्तिम पंक्ति में वह विप्लव को पुनः सम्बोधित करता है–ऐ जीवन के पारावार! इस अन्तिम बन्द में विप्लव का बादल छोटे लोगों के पक्षधर के रूप में खड़ा दिखाई पड़ता है। उसका स्वागत छोटे लोग ही करते हैं। चाहे वे पौधे ही क्यों न हों। 'विप्लव' द्वारा जिस परिवर्तन का संकेत किया है उसमें जाने-अनजाने शोषक और शोषित वर्गों के भेद की भी

एक विभाजक रेखा खींच देते हैं। जाहिर है कि क्रान्तिकारी परिवर्तन धनी वर्ग के पराभव से ही होगा। निराला इसी प्रकार के परिवर्तन के पक्षधर हैं, जिसमें शोषित वर्ग को एक उल्लासमय परिवेश मिले।

बादल को क्रान्तिकारी भूमिका में रखने का प्रयास शायद ही किसी दूसरे कवि ने किया हो। निराला के समकालीन कवि सुमित्रानन्दन पन्त ने भी बादल पर कविता लिखी है, किन्तु उसमें कवि की दृष्टि बादल के जादुई चमत्कार पर अधिक टिकी हुई है–

उड़ गया, अचानक लो, भूधर
फड़का अपार वारिद के पर।
रहा शेष रह गए हैं निर्झर
है टूट पड़ा भू पर अंबर!
धँस गए धरा में सभय शाल
उठ रहा धुआँ, जल गया ताल![36]

'मेरे गीत और कला' निबन्ध में निराला ने 'बादल राग' पर एक लम्बी टिप्पणी जड़ी है। इस टिप्पणी में बादल के क्रान्तिकारी स्वरूप की चर्चा करते हुए इसके कला पक्ष पर भी प्रकाश डाला गया है–"समझने के लिए कुछ विद्वत्ता की तो आवश्यकता है। जो जन काव्य के लक्षणों से परिचित हैं, उन्हें असुविधा न होगी।...बुराई के खिलाफ बगावत का ढंग यहाँ कला है।"[37]

इस उद्धरण में कवि ने 'बादल राग' कविता को 'जनकाव्य' कहा है। जिस जनकाव्य की चर्चा आजकल जोरों पर है। उसकी मूलभूत अवधारणा निराला के इस वक्तव्य में व्यक्त हुई है। छोटे और शोषित लोगों की पक्षधरता के अतिरिक्त जनकाव्य और क्या है? किन्तु जनकाव्य को कला का रूप देना थोड़ा कठिन कार्य है। निराला ने स्पष्ट लिखा है कि बुराई के खिलाफ बगावत यहाँ कला है। बुराई के खिलाफ यानी शोषण के विरुद्ध जो रुख इस कविता में अख्तियार किया गया है, वो कला में बदल गया है। अभिप्राय यह है कि बुराई के खिलाफ बगावत की वस्तु और कविता के कला रूप में कोई अन्तर नहीं है। वस्तु-रूप दोनों एक हैं। सच पूछा जाय तो निराला की बहुत सारी कविताओं के मूल में बुराई के खिलाफ बगावत ही है। यही उन्हें छायावाद के अन्य कवियों से अलग करता है और कवि की प्रेरणा का प्रस्थान बिन्दु बनता है।

चूँकि कला की बात निराला ने स्वयं उठा दी है, इसलिए संक्षेप में इस पर भी विचार कर लेना चाहिए। निराला और प्रसाद छायावाद के दो ऐसे कवि हैं जो

परम्परा से जुड़े हुए हैं। दोनों ही कवि परम्परा को वर्तमान के साथ अलग-अलग ढंग से जोड़ते हैं। एफ.आर. लेविस ने अपनी पुस्तक 'रीवेलुएशन' में कहा है कि महत्त्वपूर्ण कवियों में परम्परा जीवित रहती है और वे परम्परा से जीवन लेते हैं, किन्तु वे परम्परा को विकसित भी करते हैं। नए सन्दर्भों में परम्परा का अर्थ बदल गया है।[38]

ध्यान से देखने पर सव्यसाची, गुडाकेश, भारत आदि नाम महाभारत से ले लिए गए हैं। ये तीनों नाम अर्जुन हैं जो उनकी तीन अलग-अलग विशेषताएँ सूचित करते हैं। इन्हें बादल के साथ जोड़कर उसे अद्वितीय धनुर्धर अर्जुन के समकक्ष ठहराया गया है। अर्जुन ने जिस प्रकार महाभारत में धर्म के पक्ष में और बुराई के विपक्ष में युद्ध किया था उसी प्रकार बादल भी बुराई के विरुद्ध खड्गहस्त हैं।

निराला की कविता की एक और विशेषता है जिसे रोलाँबार्थ के शब्दों में भाषा का मरमर (रसिल ऑफ लैंग्वेज) कहा जा सकता है। कथ्य के अनुरूप कभी यह तेज हो जाता है और कभी मन्द और कभी-कभी बिल्कुल मौन। यहाँ पर जगह-जगह इसके तीनों रूप मिलेंगे। आरम्भ में बादल का जो रूप चित्रित किया गया है वह पूरे तौर पर नृत्यात्मक है-छन्द, ताल, लय पर झूमता हुआ बादल। किन्तु यह लास नृत्य नहीं है, बल्कि ताण्डव का समानधर्मा है। बादल का गर्जन-तर्जन कठोर-रव, उत्पात आदि उसे एक विशेष प्रकार की ठोस क्रियात्मकता प्रदान करते हैं। यथावसर कहीं लय प्रलम्बित है तो कहीं अत्यन्त लघु। सारा का सारा काव्य नृत्य नाटिका की तरह प्रतीत होता है। कविता के भीतर की प्रलयकारिणी सृष्टि कविता के बाहर की स्थितियों से भी सम्बद्ध हो जाती है।

'आह्वान' शीर्षक कविता में कवि लिखता है-"एक बार बस और नाच तू श्यामा!" वह श्यामा को एक बार नृत्य करने का आग्रह करता है। यहाँ श्यामा भैरवि है। वह कहता है-

भैरवि! मेरी-तेरी झंझा
तभी बजेगी मृत्यु लड़ाएगी जब तुझसे पंजा
लेगी खड्ग और तू खप्पर,
उसमें रुधिर भरूँगा मा
मैं अपनी अंजलि भर-भर
उँगली के पोरों में दिन गिनता ही जाऊँ क्या मा[39]–

भैरवि का आह्वान यहाँ पर मृत्यु का आह्वान बन जाता है। इसमें कवि अपना रक्त देने के लिए प्रस्तुत है। बहुत दिनों तक प्रतीक्षारत रहना उसे काम्य नहीं है।

वह आगे कहता है कि–

अट्टहास-उल्लास नृत्य का होगा जब आनन्द,
विश्व की इस वीणा के टूटेंगे सब तार,
बन्द हो जाएँगे ये सारे कोमल छन्द,
सिन्धु-राग का होगा तब आलाप–[40]

'बादल-राग' में बादल-राग है तो 'आह्वान' में सिन्धुराग। वह स्पष्ट करता है कि नृत्य का आनन्द तब आएगा, जब विश्व की इस वीणा के सारे तार टूट जाएँगे। वीणा के तारों के टूटने का मतलब है वर्तमान व्यवस्था में परिवर्तन। इस छन्द में भी नृत्य के सारे उपकरण मौजूद हैं। आसुरी शक्ति के विनाश की बात वह बार-बार उठाता है। उस समय की आसुरी-शक्ति औपनिवेशिक साम्राज्यवाद है। इस आसुरी शक्ति का स्मरण 'राम की शक्तिपूजा' में भी किया गया है। 'जला दे जीर्ण-शीर्ण प्राचीर' में वह नई शक्ति प्राप्त करने का आग्रह करता है।

'खून की होली जो खेली'–विद्यार्थियों ने देशप्रेम में जो बलिदान दिया था उसके सम्मानार्थ लिखी गई है। कविता के आरम्भ में ही जिस होली का उल्लेख किया गया है वह सामान्य से बहुत भिन्न है। होली पर निराला की और भी कविताएँ हैं। उनमें भी फागुन, आम की मंजरी आदि का जहाँ-तहाँ उल्लेख हुआ है। इस कविता में होली के अवसर पर दिखाई पड़नेवाले प्राकृतिक उपादानों के अर्थ बदल गए हैं–

युवक जनों की है जान;
खून की होली जो खेली।
पाया है लोगों में मान,
खून की होली जो खेली।[41]

जीवनी-परक कविताओं में राजनीति का संस्पर्श

आजकल के साहित्यकार प्रामाणिक अनुभूति और भोगा हुआ यथार्थ की बहुत चर्चा करते हैं, लेकिन इन दोनों शब्दों को बहुत ही गहरे अर्थों में निराला की कविता–कविता ही क्यों कथा-साहित्य पर सबसे अधिक लागू किया जा सकता है–अधिकांश कविताएँ आत्मकथात्मक हैं। इस दृष्टि से 'सरोज-स्मृति', 'राम की शक्तिपूजा' और 'तुलसीदास' जैसी लम्बी कविताओं का नाम लिया जाता है। इन दोनों कविताओं में 'सरोज-स्मृति' को छोड़कर शेष दोनों कविताएँ राजनीति से

सन्दर्भित हैं। इनके साथ 'वन बेला' शीर्षक लम्बी कविता को भी जोड़ा जा सकता है। "निराला की इन कविताओं का महत्त्व इस मायने में है कि उन्होंने इनमें भी निजी रचनात्मक जीवन का आत्मप्रक्षेप करके उस पूरे इतिवृत्त के माध्यम से सर्वथा एक नए, मौलिक और अनुभूत अर्थ-प्रसंग की सर्जना की है। आख्यान को तोड़कर भी उसके पुराने, पारम्परिक, सन्दर्भगत, इतिहास-सिद्ध अर्थ की रक्षा करते हुए, उसमें नए अर्थ की प्रतिष्ठा ही इन कविताओं की मौलिक शक्तिमत्ता का प्रमाण है।"[42]

'राम की शक्तिपूजा' में अर्थ के कई स्तर हैं। प्रत्येक स्तर के मूल में युद्ध है। यह राम-रावण का संघर्ष है, यह राम का अन्तःसंघर्ष है, यह न्याय और अन्याय का युद्ध है, यह राम की तरह से ही निराला का अपना अन्तःसंघर्ष है। इनके साथ ही इसमें तत्कालीन राजनीतिक परिवेश का संघर्ष भी निहित प्रतीत होता है। 'कहीं-कहीं' इस कविता में राम के माध्यम से निराला की राष्ट्रीय गुलामी से मुक्ति की चिन्ता झलक मारती है।...एक स्थूल से राम की विजय और सीता की मुक्ति की चिन्ता को हम राष्ट्र-मुक्ति और मर्यादा की रक्षा के लिए युद्ध में नियोजित होने के नैतिक पक्ष को कविता में से खींच सकते हैं।[43]

परिवेशगत अन्तःसंघर्ष को उद्‌घाटित करने के लिए इस कविता की बुनियादी पंक्ति है-

'अन्याय जिधर, हैं उधर शक्ति।'[44]

इस पंक्ति से ही शक्तिपूजा को एक राजनीतिक आयाम मिल जाता है। सन् 30 ई. से 34-35 ई. तक देश का राष्ट्रीय आन्दोलन निरन्तर गिरावट की ओर बढ़ता जा रहा था। सन् 30 ई. में काँग्रेस आक्रामक थी लेकिन 32 ई. में प्रतिरक्षात्मक हो गई थी। सन् 31 ई. में 'गाँधी इर्विन पैक्ट' हुआ। इस समझौते की स्याही सूखने भी न पाई थी कि ब्रिटिश सरकार ने सरदार भगत सिंह को फाँसी दे दी और महात्मा गाँधी उन्हें बचा न सके। 31 में ही लन्दन में गोलमेज कान्फ्रेंस हुआ। महात्माजी को आशा थी कि इस कान्फ्रेंस के फलस्वरूप काँग्रेस और ब्रिटिश सरकार में मतभेद बहुत कुछ कम हो जाएगा। किन्तु गाँधीजी लन्दन से बम्बई पहुँचे भी न थे कि अँग्रेजों ने दमन चक्र तेज कर दिया। लाखों लोग गिरफ्तार कर लिए गए। 32 ई. में गाँधी ने राष्ट्रीय आन्दोलन में दिलचस्पी लेना छोड़ दिया तथा हरिजनों और दलित वर्गों की समस्याओं को हल करने में लग गए। गाँधीजी की इस कार्यवाही से सरदार बल्लभभाई पटेल और सुभाषचन्द्र बोस असन्तुष्ट थे। उन्होंने बियाना से इस आशय का एक वक्तव्य दिया कि गाँधीजी का सविनय अवज्ञा आन्दोलन को स्थगित करने का सबसे ताजा काम असफलता की स्वीकृति है।

हमारा स्पष्ट मत है कि एक राजनीतिक नेता के रूप में गाँधी असफल रहे–"वह समय आ गया है जब नए सिद्धान्त के आधार पर नए तरीके से काँग्रेस का मौलिक पुनर्गठन किया जाय। इसके लिए एक नया नेता आवश्यक है।"[45]

सन् 34 ई. में तो सविनय अवज्ञा आन्दोलन एकदम बन्द कर दिया गया। इस हताशा की प्रतिध्वनि 'राम की शक्तिपूजा' में सुनाई पड़ती है। किन्तु 30-31-32 ई. में क्रान्तिकारी आन्दोलन की चिनगारियाँ भी जहाँ-तहाँ दिखाई पड़ रही थीं। पहले कहा जा चुका है कि निराला गाँधीजी की अहिंसा में विश्वास नहीं करते थे। यह उनके क्रान्तिगीतों से स्पष्ट है, फिर भी काँग्रेस-आन्दोलन की असफलता का अवसाद और हताशा राम के क्रिया-कलाप और चिन्तन पर दिखाई पड़ती है। ऐसा लगता है कि काँग्रेस के युद्ध की आन्तरिक क्षमता समाप्त हो चुकी थी, उसके लिए एक नए नेता की आवश्यकता थी। सन् 36 में जवाहरलाल नेहरू काँग्रेस के अध्यक्ष चुने गए। इस समय आवश्यकता थी कि देश की आन्तरिक शक्ति को जाग्रत किया जाय। आन्तरिक शक्ति के अभाव में निर्णायक युद्ध की कल्पना नहीं की जा सकती। राम के जनता और आसुरी शक्ति के विरोध की भूमिका में रखने पर शक्ति की आराधना का एक दूसरा पहलू भी सामने आता है। आन्तरिक शक्ति प्राप्त करने के बाद वह 'पुरुषोत्तम नवीन' में बदल जाता है। सन् 36 ई. में समाजवाद का समर्थन करते हुए जवाहरलाल नेहरू का उदय होता है। इस व्यापक परिप्रेक्ष्य में यह कविता कई बिन्दुओं पर राजनीतिक संकेत देती है।

'तुलसीदास' कविता में निराला द्वारा प्रतिष्ठित ऐतिहासिक, सामाजिक और राजनीतिक अर्थ अधिक स्पष्ट है।...भारत के सांस्कृतिक अन्धकार की चिन्ता से ही कविता प्रारम्भ होती है।[46] निराला स्वयं जागरण के कवि हैं। उन्होंने अपनी कविता में देश को सांस्कृतिक, राजनीतिक स्तर तक जगाने का कार्य किया है। यह कहा जा चुका है कि तुलसीदास उनके अत्यन्त प्रिय कवि थे। मुगलकालीन भारत में हिन्दू धर्म और संस्कृति की रक्षा का जितना बड़ा कार्य अकेले तुलसीदास ने किया है, उतना किसी सन्त महात्मा या राजनीतिक महापुरुष ने नहीं किया। निराला ने तुलसीदास में ही लिखा है–

देशकाल के शर से बिंधकर
यह जागा कवि अशेष-छविधर।[47]

अशेष छविधर कवि तुलसीदास भी हैं और निराला भी। देशकाल के शर से दोनों ही बिंधे हुए हैं। तुलसीदास जैसे हिन्दी के महान् कवि को विषय-वस्तु के रूप में ग्रहण करने का अभिप्राय देश में जागरण का स्वर फूँकना था। पुस्तक के

प्रारम्भ में ही उन्होंने लिखा है–

भारत के नभ का प्रभापूर्य
शीतलच्छाय सांस्कृतिक सूर्य
अस्तमित आज रे–तमस्तूर्य दिङ्मण्डल।[48]

सारा देश अन्धकार से भर उठा है। विदेशियों ने पंजाब, कोसल, बिहार आदि को अपने अधीन कर लिया है। विदेशी आक्रमणकारियों से युद्ध करते हुए जो लोग मारे गए उन्हें निराला देव दूत कहते हैं–

भारत के उर के राजपूत,
उड़ गए आज वे देव दूत
जो रहे शेष, नृपवेश सूत-बन्दीगण।[49]

मुगलों के समय में भी देशी रजवाड़े सूत और बन्दीजन की भूमिका में थे। अँग्रेजों के समय में उनका स्थान इससे भिन्न नहीं था। तुलसीदास को चित्रकूट की प्रकृति से चैतन्य या जागरण की प्रेरणा मिलती है। इस चेतना को तुलसीदास जन-जीवन में संक्रान्त करते हैं। वह सोचता है–

करना होगा यह तिमिर पार–
देखता सत्य का मिहिर-द्वार–
कहना जीवन के प्रखर ज्वार में निश्चय–[50]

विदेशी आक्रमणकारियों को–चाहे वे मुसलमान हों या अँग्रेज–उन्होंने आसुरी भावों से युक्त पाया है। इस आसुर भाव को नष्ट करने का संकल्प तुलसीदास करते हैं।

मध्यकाल में हिन्दू जनता दुहरे संकटों में फँसी हुई थी। विदेशियों के धार्मिक अत्याचार तो हो ही रहे थे। वर्णों में विभक्त हिन्दू जाति में निम्न वर्ण पर भयानक अत्याचार हो रहा था। गरीबी का चित्रण तो गोस्वामी तुलसीदास ने भी 'कवितावली' में किया है, किन्तु वे वर्णाश्रम धर्म के पोषक थे। निराला ने युगानुरूप अपने तुलसीदास की वर्ण चेतना को बदल दिया है। उन्हें 'भारत दिखाई देता है, भारत का दैन्य, पराजय, पीड़ा सब दिखाई देता है। मानसिक दासता की तरंग के उस पार जो ज्ञान है उसकी सहायता से भारत को मुक्त करना है।'[51]

चलते-फिरते, पर निस्सहाय,
वे दीन, क्षीण कंकाल काय;

x x x

वे शेष श्वास पशु-मूक-भाष
पाते प्रहार अब हताश्वास,
सोचते कभी, आजन्म ग्रास द्विज गण के
होना ही उनका धर्म परम,
वे वर्णाश्रम, रे द्विज उत्तम,
वे चरण-चरण बस, वर्णाश्रम-रक्षण के।[52]

मध्यकालीन सन्त कवियों ने मनुष्य-मनुष्य के भेदभाव को दूर करने के लिए अथक प्रयास किया। निराला के समय में महात्मा गाँधी ने हरिजनों के उद्धार के लिए अपने जीवन के अनेक वर्ष लगा दिए। लेकिन आज भी उनकी स्थिति में उल्लेखनीय अन्तर नहीं आया है। देश के इस आन्तरिक संकट की ओर निराला ने अन्य कविताओं में भी हमारा ध्यान आकृष्ट किया है। वे स्वयं भी अस्पृश्यता के विरोधी थे। वर्णाश्रम धर्मी समाज में उनकी स्थिति 'ब्राह्मण समाज में ज्यों अछूत' की थी।

इस पुस्तक में कहीं-कहीं समाजवादी विचारधारा के अनुरूप कवि ने पूँजीपतियों और सामन्तों पर धारदार व्यंग्य किया है–

वह रंक, यहाँ जो हुआ भूप, निश्चय रे।
चाहिए उसे और भी और
फिर साधारण को कहाँ ठौर?
जीवन के, जग के, यही तौर हैं जय के।[53]

यहाँ पर भगवान् की कृपा से 'रंक चले सिर छत्र धराई' नहीं है, बल्कि रंक से भूप होनेवाले शोषण की एक प्रक्रिया से गुजरकर अपने गन्तव्य को प्राप्त करते हैं। पूँजीवादी समाज में पैसे के लिए गलाकाट स्पर्धा का अन्त नहीं है। हर धनाढ्य व्यक्ति धन के लिए निरन्तर व्याकुल रहता है। ऐसी व्यवस्था में सामान्य व्यक्ति के लिए कोई स्थान नहीं है। संसार में स्वयं को विजयी बनाने और सार्थक करने का यही तौर-तरीका है। इसको तब तक बदला नहीं जा सकता जब तक साधारण-जन को अपनी अवस्था का सम्यक् बोध नहीं हो जाय। जड़ीभूत समाज में चेतना का प्रसार ही निराला का लक्ष्य है। 'तुलसीदास' का समापन जड़ पर चेतना की विजय के साथ होता है।

समूची कविता में देश को जगाने के कई उपाय बताए गए हैं। एक तो हमें अपनी विरासत के प्रति सचेत होने की आवश्यकता है। दूसरा उपाय यह है, ज्ञान

के माध्यम से जनसामान्य को चेतनोन्मुख बनाया जाय। तीसरा और अन्तिम उपाय वर्णाश्रम धर्म की श्रेणियों का उन्मूलन और आर्थिक विषमता को दूर करने के प्रयास में निहित है। इस सन्दर्भ में यह प्रश्न उठाया जा सकता है कि देश को सचेत बनाने के लिए वह कौन-सी मूलभूत समस्या है जो समाधान की अपेक्षा रखती है। इसमें कोई सन्देह नहीं है कि हमारी जड़ता के मूल में आर्थिक वैषम्य है, लेकिन सामाजिक बदलाव के लिए अधिरचना (सुपर स्ट्रक्चर) का अपना महत्त्व होता है। निराला ने इन दोनों बातों का समावेश 'तुलसीदास' में कर लिया है। यों प्रधानता सांस्कृतिक जागरण यानी अधिरचना की ही है।

वन-बेला में कवि कहता है-'हो गया व्यर्थ जीवन/मैं रण में गया हार' निराला ने अपनी कविताओं में जीवन की व्यर्थता और हार की प्रायः चर्चा की है। इस चर्चा और अनुभव के बावजूद वह संघर्ष के लिए बार-बार 'राम की शक्ति पूजा' के राम की तरह संघर्ष के लिए उद्यत रहता है। इसी मनोदशा में वह मन-ही-मन सोचता है-

फिर लगा सोचने यथा सूत्र-मैं भी होता
यदि राजपुत्र-क्यों न सदा कलंक ढोता,
ये होते-जितने विद्याधर-मेरे अनुचर,
मेरे प्रसाद के लिए विनत-सिर उद्यत कर;
मैं देता कुछ, रख अधिक, किन्तु जितने पेपर,
सम्मिलित कण्ठ से गाने, मेरी कीर्ति अमर।[54]

इस अन्तःसंघर्ष के होते हुए भी वह अपने कविकर्म से कभी विरक्त नहीं होता। वन-बेला ही उसकी कविता है। वह कहता है-

बोला मैं-'यही सत्य, सुन्दर!
नाचती' वृन्त चर तुम, ऊपर
होता जब उपल-प्रहार प्रखर!
अपनी कविता
तुम रहो एक मेरे उर में
अपनी छवि में शुचि सञ्चरिता।[55]

'पत्रोत्कण्ठित, जीवन का विष बुझा हुआ है' शीर्षक कविता आलोचकों के मतानुसार निराला की अन्तिम कविता है। यदि इस पूरी कविता को ध्यान से पढ़ा जाय तो इसमें निराला की कविता के सभी रंग एकत्र मिल जाएँगे। अठारह पंक्तियों

की यह कविता अपने भीतर एक महाकाव्यात्मक गरिमा छिपाए हुए है, जिसमें विषाद है, निराशा है, मृत्यु है, संघर्ष है, माधुर्य है और इन सबके बाद तथा सबसे अन्त में एक गहरी मानवीय आस्था का संकेत भी है। यदि इस कविता की पूरी बनावट को ध्यान से देखा जाय तो दिखाई पड़ेगा कि कवि ने यहाँ एक विराट रूपक प्रस्तुत किया है जो युद्ध या संघर्ष का है। इस संघर्ष के कई स्तर हैं। कवि के निकट वह कविता या कला का संघर्ष भी है तथा जीवन और राजनीति का संघर्ष भी। बाणों की कठिन सेज पर सोए हुए भीष्म का बिम्ब स्पष्ट हो युद्ध या संघर्ष की स्थिति की ओर संकेत कर रहा है और भीष्म के बिम्ब के ही कारण महाभारत का हल्का-सा अनुषंग भी इस कविता से जुड़ गया है–

लीला का सम्वरण-समय फूलों का जैसे
फलों फले या झरे अफल, पातों के ऊपर
सिद्ध योगियों जैसे या साधारण मानव,
ताक रहा है भीष्म शरों की कठिन सेज पर।[56]

'पत्रोत्कण्ठित जीवन' का बिम्ब एक प्रकार का विरोधाभास लिए हुए है। एक ओर निराशा और मृत्यु का बिम्ब है तो दूसरी ओर पल्लवित होते पत्ते का बिम्ब। जीवन-संघर्ष की समाप्ति वस्तुतः जीवन की ही समाप्ति है, परन्तु एक ओर यदि जीवन-वृक्ष की हरियाली झुलस गई है तो दूसरी ओर उसी वृक्ष में नया पत्ता मानों फूटने की कोशिश कर रहा है–इसी को कवि ने 'पत्रोत्कण्ठित' कहा है। समाप्ति की इस घड़ी में विचित्र बात यह है कि निराशा नहीं है, बल्कि कवि अनुभव करता है कि उसके हृदय में एक आशा का प्रदीप भी जल रहा है। मृत्यु या विनाश के सम्मुख खड़े कवि के लिए आशा के प्रदीप तथा पत्ते के फूटने की कल्पना करना विरोधाभास-पूर्ण अवश्य लगता है, परन्तु इसी में कवि निराला की सामर्थ्य है। 'राम की शक्तिपूजा' के राम की भाँति जीवन भर अन्धकार से लड़नेवाले निराला यदि जीवन के अन्त में राम की ही भाँति उस अन्धकार में किसी प्रकाश की किरण का साक्षात्कार कर रहे हैं, तो इसे निराला की जीवन-दृष्टि और काव्य-दृष्टि की स्वाभाविक परिणति ही कहना चाहिए। निराशा पर आशा की विजय और विकल्प पर संकल्प की विजय निराला के विकास की यही दिशा है। निराला की अधिकांश महत्त्वपूर्ण रचनाओं में कहीं-न-कहीं व्यापक अर्थ में राजनीति का सन्दर्भ आ जाता है। जहाँ यह सन्दर्भ मुखर नहीं हुआ है वहाँ काव्य की अर्थवत्ता और संरचना में चमक आ गई है। इन सन्दर्भों में अन्धकार और प्रकाश के बीच युद्ध की, संघर्ष की अन्तहीन प्रक्रिया व्यवस्था का रचनात्मक और आस्थामूलक विरोध है।

भक्तिपरक काव्य और राजनीतिक चेतना

निराला के भक्तिपरक गीत एक विशेष मनोदशा में लिखे गए हैं। अद्वैतवाद में विश्वास करनेवाले निराला का भक्ति की भूमिका में पहुँच जाना उनकी विशिष्ट मानसिकता का सूचक है। 'गीतिका' को छोड़कर 'अर्चना' आदि में जो गीत संगृहीत हैं उनमें कहीं हल्की और कहीं गहरी विषाद की छाया है। ऊपर-ऊपर से यह निराला की विक्षेपावस्था थी, किन्तु उनकी रचनाशीलता बहुत दूर तक सुरक्षित दिखाई पड़ती है। विषाद का अनुभूत सत्य इन रचनाओं में इतनी सघनता से अभिव्यक्त हुआ है कि वह पाठकों पर अपनी अमिट छाप छोड़ जाता है। इन भक्तिपरक गीतों में कुछ ऐसी रचनाएँ भी हैं जिनमें विषाद के बीच-बीच उनकी राजनीतिक चेतना भी अभिव्यक्त हो उठी है। तारीफ तो यह है कि यह चेतना भी भक्तिपरक मानसिकता का अनिवार्य अंग हो जाती है। इस कथन के पुष्ट्यर्थ कुछ गीतों की विवेचना अपेक्षित है।

प्रभु से प्रार्थना करता हुआ कवि कह रहा है–

दलित जन पर करो करुणा।
दीनता पर उतर आए
प्रभु तुम्हारी शक्ति अरुणा

x x x

देख वैभव न हो नत-सिर,
समुद्धत मन हो सदा स्थिर,
पार कर जीवन निरन्तर
रहे बहती भक्ति वरुणा।[57]

कवि इस कविता में प्रभु से अपने लिए प्रार्थना नहीं कर रहा है और न तो भक्तिकालीन कवियों की तरह भगवान् की अनपायनी भक्ति की आकांक्षा करता है। वह भगवान् से कहता है कि तुम दलित, शोषित जन समुदाय पर करुणा करो। करुणा शब्द के बारे में एक नए कवि ने लिखा है कि किसी अन्य भाषा में करुणा के वजन का कोई शब्द नहीं है (असद जैदी)। करुणा के पर्यायवाची किसी भी शब्द को रख देने से निराला का अभिप्रेत सिद्ध नहीं होता। भगवान् करुणामय भी है और दयामय भी। कवि ने करुणामय भगवान् का चुनाव किया है। वह करुणा का स्वरूप भी अत्यन्त प्रभावशाली ढंग से प्रस्तुत करता है, दो छोटे-छोटे शब्दों

द्वारा 'शक्ति-अरुणा'। कविता में जिस 'मितकथन' (प्रेसाइज) का उल्लेख किया जाता है, उसे यहाँ देखा जा सकता है। वह दलित जन में शक्ति की ललाई भर देना चाहता है। इस शक्ति को प्राप्त करने के बाद दलित जन किसी वैभवशाली के सामने नतमस्तक नहीं हो सकता।

'बेला' में संकलित 'अन्तस्तल से यदि की पुकार' में उसे विश्वास है कि अन्तरात्मा से पुकारने पर सब कुछ सहकर और कष्ट उठाकर वह आएगा और हमारा उद्धार करेगा–

अन्तस्तल से यदि की पुकार,
सब-सहते साहस से बढ़कर
आएँगे, लेंगे भी उबार।

x x x

सादा भोजन, ऊँचा जीवन
होगा चेतन का आश्वासन;
हिंसा को जीतेंगे सज्जन;
सीधी कपिला होगी दुधार।
अपने ही पैरों ठहरेंगे,
अपनी ही गरजों घहरेंगे,
अपनी ही बूँदों छहरेंगे,
अपनी ही रिमझिम तू-तुकार।

छूटेगी जग की ठग लीला,
होंगी आँखें अन्तःशीला,
होगा न किसी का मुँह पीला,
मिट जाएगा लेना उधार।[58]

यहाँ पर विचार करने की यह बात नहीं है कि कोई अदृश्य शक्ति अवतरित होकर हमें उबार लेगी। बल्कि विचारणीय यह है कि उसके आने से क्या घटित होगा। उससे संसार में सादा भोजन और उच्च विचार का प्रसार होगा, हिंसा समाप्त होगी, ठगों की लीला नहीं दिखाई पड़ेगी।

'अर्चना' का एक गीत है 'भव सागर से पार करो हे।'–इसमें पहले तो वह दार्शनिक मुद्रा में संसार के दुःखों का निरूपण करता है, किन्तु अन्त में कहता है–

विपुल काम के जाल बिछाकर,
जीते हैं जन जन को खाकर
रहूँ कहाँ मैं ठौर न पाकर,
माया का संहार करो हे![59]

आज के पूँजीवादी समाज में जन, जन को खा रहा है। जहाँ पूँजीवाद नहीं है वहाँ भी जन, जन को खाने से विरत नहीं हुआ है। ऐसी स्थिति में किसी सुनिर्दिष्ट सिद्धान्त के आधार पर संसार की समस्याओं का समाधान नहीं प्रस्तुत किया जा सकता। 'माया' शब्द का प्रयोग निराला ने अनेक स्थलों पर किया है। सम्भवत: निराला ने 'माया' शब्द का प्रयोग उसी अर्थ में किया है, जिस अर्थ में स्वामी विवेकानन्द ने किया है। शंकराचार्य की माया विवेकानन्द को मान्य नहीं है। वे संसार को माया और यथार्थ दोनों से सम्पृक्त मानते हैं। कर्मठ और बुद्धिमान व्यक्ति का कर्तव्य है कि वह माया और यथार्थ को भरसक अलगाने की कोशिश करे। वह प्रभु से प्रार्थना कर रहा है कि तुम माया का संहार करके ऐसी व्यवस्था लाओ जिसमें जन, जन को न खा सके।

सन्दर्भ

1. सं. नन्दकिशोर नवल : निराला रचनावली-1, पृ. 120
2. वही, पृ. 120
3. वही, पृ. 121
4. वही, पृ. 72
5. वही, पृ. 55
6. वही, पृ. 210
7. वही, पृ. 211
8. वही, पृ. 253
9. वही, निराला रचनावली-5, पृ. 34
10. वही, पृ. 35
11. वही, निराला रचनावली-1, पृ. 136
12. वही, पृ. 142
13. वही, पृ. 142
14. वही, पृ. 143
15. वही, पृ. 69

16. वही, पृ. 69
17. वही, पृ. 69
18. वही, पृ. 152
19. वही, पृ. 153
20. दूधनाथ सिंह : निराला : आत्महन्ता आस्था, पृ. 129
21. सं. नन्दकिशोर नवल : निराला रचनावली-1, पृ. 158
22. दूधनाथ सिंह : निराला : आत्महन्ता आस्था, पृ. 180
23. वही, पृ. 181
24. सं. नन्दकिशोर नवल : निराला रचनावली-1, पृ. 242
25. वही, निराला रचनावली-5, पृ. 415-416
26. वही, निराला रचनावली-1, पृ. 289
27. वही, पृ. 288
28. वही, पृ. 251
29. वही, पृ. 241
30. वही, पृ. 116
31. वही, पृ. 117
32. वही, निराला रचनावली-5, पृ. 413
33. वही, निराला रचनावली-1, पृ. 118
34. वही, पृ. 118
35. वही, पृ. 124
36. सुमित्रानन्दन पन्त : पल्लव, पृ. 56
37. सं. नन्दकिशोर नवल : निराला रचनावली-5, पृ. 414
38. एफ.आर. लेविस : रीवेलुएशन, पृ. 10
39. सं. नन्दकिशोर नवल : निराला रचनावली-1, पृ. 73
40. वही, पृ. 73
41. वही, निराला रचनावली-2, पृ. 199
42. दूधनाथ सिंह : निराला : आत्महन्ता आस्था, पृ. 110
43. वही, पृ. 138
44. सं. नन्दकिशोर नवल : निराला रचनावली-1, पृ. 315
45. रजनीपामदत्त, इण्डिया टुडे, पृ. 379
    (अयोध्या सिंह—भारत का मुक्तिसंग्राम, पृ. 598 से उद्धृत)
46. दूधनाथ सिंह : निराला : आत्महन्ता आस्था, पृ. 156
47. सं. नन्दकिशोर नवल : निराला रचनावली-1, पृ. 288
48. वही, पृ. 267
49. वही, पृ. 268
50. वही, पृ. 274

51. रामविलास शर्मा : निराला की साहित्य साधना-2, पृ. 283
52. सं. नन्दकिशोर नवल : निराला रचनावली-1, पृ. 273
53. वही, पृ. 275
54. वही, पृ. 327
55. वही, पृ. 330
56. वही, निराला रचनावली-2, पृ. 484
57. वही, पृ. 33
58. वही, पृ. 166
59. वही, पृ. 235

चतुर्थ अध्याय

निराला की कविता में किसान, मजदूर और राजनीतिक व्यंग्य

निराला की कविता में किसान

निराला की कविता में किसानी जीवन के सही रूपों का जितना वैविध्य और राजनीतिक चेतना का जितना विकास दिखाई पड़ता है उतना छायावाद के किसी अन्य कवि की कविताओं में नहीं दिखाई देता। मैथिलीशरण गुप्त ने किसान पर कविताएँ लिखी हैं, किन्तु उनके किसान न तो उतने सजग हैं और न वर्ग-चेतना से सम्पन्न। निराला स्वयं गाँव के रहनेवाले थे। यद्यपि उनका जन्म महिषादल राज्य में हुआ था। गाँव के साथ उनका गहरा सम्पर्क था। लोगों के साथ उठना-बैठना था। वे उनके सुख-दुःख में भी सम्मिलित होते थे। गाँव की अच्छाइयों और बुराइयों दोनों को उन्होंने स्वयं भोगा था। इसलिए किसानों के सम्बन्ध में अभिव्यक्त उनकी कविताएँ प्रामाणिक हो गई हैं।

किसानों के प्रति उनके स्वयं क्या विचार थे, उन्हें उनके कतिपय लेखों 'सुधा' में की गई टिप्पणियों 'अलका' और 'अप्सरा' के बीच-बीच में किसानी-जीवन के चित्रों से जाना जा सकता है।

उन्होंने किसानों के लिए साहित्य के निर्माण का विचार करके 'किसान कुसुमावली' नाम की एक पुस्तक माला निकालने का भी निश्चय किया था।[1] किन्हीं कारणों से यह सम्भव नहीं हो सका। गाँधीजी की तरह उनका भी यह मानना था कि देश के पेड़ को हरा-भरा करने के लिए उसकी जड़-किसानों-में जीवन डालना चाहिए। "देश की सच्ची शक्ति इसी जगह है। जब तक किसानों और मजदूरों का उत्थान न होगा, तब तक सुख और शान्ति का केवल स्वप्न देखना

है। परन्तु यह कार्य जितना सीधा दिखाई देता है, इसका करना उतना ही कठिन है। यहाँ उन कार्यकर्ताओं का त्याग है, जो अखबारों में नाम छपवाने के भूखे नहीं; उन पक्के सिद्धान्तवालों का काम है, जो सत्य ही अपने गरीब भाइयों को प्यार करते हैं; उन समझदारों की आवश्यकता है, जो जाति, वर्ण के अज्ञान को शिक्षा की अग्नि से जलाकर शुद्ध तथा समदर्शी हो गए हैं; उन सच्चरित्रों की जरूरत है, जिनकी महत्ता की छाप शिक्षा लेनेवालों पर पड़े।"[2]

सन् 21-22 ई. में अवध में किसान आन्दोलन शुरू हुआ। "इस किसान आन्दोलन का चरित्र भी साम्राज्यवाद विरोधी और सामन्त विरोधी था। यहाँ के किसानों ने भी राष्ट्रीय मुक्ति, क्रान्ति का सही रास्ता अपनाने की कोशिश की। साम्राज्यवादियों के विरुद्ध भयंकर सशस्त्र संग्राम संयुक्त प्रदेश के किसानों की परम्परा रही है।"[3] चूँकि निराला का गाँव से बहुत गहरा सम्बन्ध था। वे महिषादल से गाँव आते-जाते थे। ऐसी स्थिति में अवध के किसान आन्दोलन का प्रभाव भी उनकी कविता पर पड़ा।

पिछले अध्याय में उनकी कुछ कविताओं का उल्लेख करते हुए यह बताया गया है किस तरह उन कविताओं में निराला ने किसानों को क्रान्ति का समर्थक बताया है। उदाहरण के लिए 'बादल राग' कविता को देखा जा सकता है। बादल के क्रान्तिकारी स्वरूप का स्वागत किसान ही करते हैं। उसे अधैर्यपूर्वक बुलाते हैं। 'परिमल' में एक कविता है-'बहू'। बहू का जो स्वरूप-अन्तर्बाह्य स्वरूप-चित्रित किया गया है, वह गाँव का है-

वह है सुहाग की रानी,
भावमग्न कवि की वह एक मुखरता-वर्जित वाणी।

x x x

खुलकर अतिप्रिय नीरव भाषा ठण्डी उस चितवन से
क्या जाने क्या कह जाती है अपने जीवन-धन से?[4]

'भाव मग्न' कवि की वह एक मुखरता वर्जित वाणी का मौन भावमग्न कवि की चुप्पी के समान है। उसकी नीरवता में ही भाव की पूरी व्यंजना हो जाती है। अन्तिम दोनों पंक्तियों में पुनः भाषा का मौन देखा जा सकता है। नीरव भाषा में जितना खुल करके कहा जा सकता है उतना मुखर भाषा में नहीं। 'जीवन-धन' शब्द पता नहीं कितने अर्थों की व्यंजनाएँ अपने में समेटे हुए हैं। 'जीवन-धन' की टोन बहुत कुछ लोक धुन के पास पहुँच जाती है और यह शब्द अपने आपमें

पति-पत्नी के सहज, सरल, निश्छल प्रेम को सूचित करता है, जो कि गाँव का ही हो सकता है। अंतोनियो ग्राम्शी राजनीतिक कविता का दायरा संस्कृति तक ले जाता है। सच तो यह है कि उसका जोर संस्कृति पर अधिक है। रेमंड विलियम्स ऐसी ही कविताओं को सांस्कृतिक भौतिकवाद कहता है। यह कविता तब तक पूर्ण नहीं मानी जा सकती, जब तक इसके अलिखित का उद्घाटन न कर लिया जाय। इस कविता के पढ़ने के साथ-साथ आज के शहरी संस्कृति से आक्रान्त छलछद्म भरा गाँव सामने आ जाता है। इससे इस कविता का एक सांस्कृतिक पहलू हमारे सामने आता है जो प्रकारान्तर से हमें क्षोभपूर्ण बना देता है।

'वे किसान की नई बहू की आँखें' में कवि बहू की मासूमियत तथा ग्रामीण परिवेश में निर्मित उसके संस्कारों को चित्रित करने के साथ-साथ हल्के ढंग से उसकी गरीबी का भी संकेत करता है-

नहीं जानती जो अपने को खिली हुई
विश्व-विभव से मिली हुई,
नहीं जानती साम्राज्ञी अपने को,
नहीं कर सत्य कभी सपने को,
वे किसान की नई बहू की आँखें
ज्यों हरीतिमा में बैठे दो विहग बन्द कर पाँखें।[5]

इसके पहले की कविता में बहू को 'मुखरता वर्जित वाणी' कहा गया था। इस कविता में केवल इतना और जोड़ दिया गया है कि उसका सपना सच नहीं हो सका। 'दो विहग बन्द कर पाँखें' का चाक्षुष बिम्ब सपने के साकार न होने को अत्यन्त प्रभावशाली ढंग से अभिव्यक्त करता है। 'विश्व-विभव' के अभाव में वे गाँव की नई बहू के खण्डित सपनों को भावपूर्ण ढंग से चित्रित करते हैं। 'विश्व-विभव' से उसके अलगाव को भी संकेतित कर दिया गया है।

'अणिमा', 'बेला' और 'नए पत्ते' में राजनीतिक चेतना से समन्वित बहुत-सी कविताएँ हैं। मार्क्सवादी विचारधारा में अर्थ का विशेष महत्त्व है। अर्थ आधार है तो विचारधारा अधिरचना। इसका अभिप्राय यह नहीं है कि निराला मार्क्सवादी हैं। लेकिन वे अपने ढंग से अर्थ की महत्ता को जानते और मानते हैं। अर्थाभाव को उन्होंने स्वयं अपने जीवन में झेला है। इसलिए उनका यह अनुभूत सत्य है। दाना के महत्त्व का प्रतिपादन करते हुए उन्होंने लिखा है-

चूँकि यहाँ दाना है
इसीलिए दीन है, दीवाना है।

लोग हैं, महफिल है,
नग्मे हैं, साज है, दिलदार है और दिल है,
शम्मा है, परवाना है,
चूँकि यहाँ दाना है

आँख है, लगी हुई;
जान है, जीवट भी है भगी हुई,
दोनों आँखोंवाला है, काना है,
चूँकि यहाँ दाना है।

अम्मा है, बप्पा है,
पापड़ है और गोलगप्पा है,
नौजवान मामा है और बुड्ढा नाना है।
चूँकि यहाँ दाना है।[6]

इस कविता में सारे सम्बन्धों को दाना पर आधारित बताया गया है। यद्यपि सम्बन्धों के मूल में किसी भी ऐतिहासिक काल में अर्थ की भूमिका को अस्वीकार नहीं किया जा सकता। लेकिन आधुनिक पूँजीवादी युग में मानवीय मूल्यों का जितना ह्रास हुआ है उतना कभी नहीं हुआ था। अर्थ की भूमिका इसके पहले कभी सर्वोपरि नहीं रही। अर्थाभाव में भी मानवीय रिश्तों और मूल्यों की रक्षा में लोगों के त्याग, तपश्चर्या से इतिहास के पन्ने भरे पड़े हैं। किन्तु आज की व्यवस्था में जिसके पास आर्थिक सम्पन्नता है, उसके साथ सभी लोग अपना सम्बन्ध स्थापित करने के लिए लालायित रहते हैं। अर्थ ने आदमी को इतना अधिक अमानवीय (डिह्यूमनाइज्ड) कर दिया है कि मामा, नाना की बात तो छोड़िए, बाप-बेटे के रिश्ते में भी अर्थ की भूमिका महत्त्वपूर्ण हो गई है। छागावादी कवियों में अर्थ के कारण मानवीय मूल्यों की गिरावट पर किसी और कवि का ध्यान नहीं जाता।

'केश रूखे अधर सूखे' में दीन-हीन, भूखी-प्यासी जनता के जागरण का क्रान्तिकारी पक्ष प्रस्तुत किया गया है। अन्धकार और प्रकाश के द्वन्द्व का निराला की कविता में बार-बार चित्रण किया गया है। इसमें भी अन्धकार या अज्ञान ने उसके प्रकाश या विवेक का हरण कर लिया है; किन्तु इस अन्धकाराच्छन्न संसार के पार कवि की रचना ने ज्ञान का द्वार खोल दिया है। इसके फलस्वरूप–

जग गई जनता, हुए लुण्ठित
मुकुट, जीवन सुहाए।[7]

सुहावना जीवन यों ही नहीं प्राप्त होता। उसके लिए बलिदान देना पड़ता है। निराला ने जगह-जगह मरण के वरण करने की बात भी कही है। मुकुट को लुण्ठित करने के लिए बहुत कुछ करना पड़ता है। इस बहुत कुछ का एक जीवन्त बिम्ब इस कविता की अन्तिम पंक्तियों में प्रस्तुत किया गया है–

प्यास पानी से बुझाने को
बुझाई रक्त से जब,
आँख से आया लहू
लोहा बजाया शक्त से जब
कण्डमुण्डों से भरे हैं खेत
गोलों से बिछाए।[8]

'थोड़ों के पेटे में बहुतों को आना पड़ा' अँग्रेज उपनिवेशवादियों के छल-कपट और जाल का पर्दाफाश करती है। अँग्रेजों ने बिजली के तार खींचे। कल-कारखाने खोले। देश में परिवर्तन हुआ लेकिन इस परिवर्तन का फल अँग्रेजों के पक्ष में ही अधिक गया। निराला ने लिखा है–

वानिज के राज ने लक्ष्मी को हर लिया।
टापू में ले चलकर रखा और कैद किया।
एक का डंका बजा
बहुतों की आँख झपी।
लहलही धरती पर रेगिस्तान जैसा तपा।
जोत में जल छिपा,
धोखा दिया, छल दिया।

x x x

जाल भी ऐसा चला।
कि थोड़ों के पेटे में बहुतों को आना पड़ा।[9]

काँग्रेस आन्दोलन के समय एक गीत चला था–"आए थे व्यापार करन को बन गए दावेदार"–उसकी प्रतिध्वनि इस कविता में भी सुनाई पड़ती है। व्यापारियों ने भारतीय लक्ष्मी को अपने देश के टापू में कैद कर लिया। देश की सम्पत्ति का जिस प्रकार से अपहरण किया गया उसमें छल-कपट का पूरा योग था। भारतीय लक्ष्मी के कारण ही इंग्लैण्ड में औद्योगिक क्रान्ति हुई। निराला जी इस कविता में

इस तथ्य पर जोर देना चाहते हैं कि विदेशी व्यापारी रेल, तार, डाक, बिजली, कल-कारखाना आदि के सहारे देश को हड़प कर गए थे। इस तरह निराला शोषण के विरुद्ध एक राजनीतिक चेतना की अभिव्यक्ति कर रहे थे। इस कविता को पढ़ते समय सन् 1855 ई. में 'न्यू हेराल्ड ट्रिब्यून' में छपे मार्क्स के एक लेख का स्मरण हो आता है। उसमें उसने बताया है कि अँग्रेजों ने जो कुछ रेल, तार, डाक, शिक्षा आदि का विकास भारतवर्ष में किया उसमें उनका अपना औपनिवेशिक स्वार्थ छिपा हुआ था, लेकिन प्रकारान्तर से उसने भारतीय नवजागरण को ले आने में अपनी अपेक्षित भूमिका निभाई।

निराला के परवर्ती काव्य में कवि की वाणी 'मुखरता-वर्जित' न होकर किसानों, मजदूरों का स्पष्ट शब्दों में समर्थन करने लगती है। 'जल्द-जल्द पैर बढ़ाओ' कविता किसानों के प्रति उनकी प्रतिबद्धता का एक ठोस उदाहरण है—

आज अमीरों की हवेली
किसानों की होगी पाठशाला,
धोबी, पासी, चमार, तेली
खोलेंगे अँधेरे का ताला,
एक पाठ पढ़ेंगे, टाट बिछाओ।

x x x

सारी सम्पत्ति देश की हो
सारी आपत्ति देश की बने,
जनता जातीय वेश की हो,
वाद से विवाद यह ठने,
काँटा काँटे से कढ़ाओ।[10]

इस कविता में सामाजिक शक्तियों के स्वरूप में घटित होनेवाले परिवर्तन का आभास और आह्वान व्यक्त हुआ है। इस गीत के केन्द्र में सामाजिक स्थिति से उत्पन्न मूलभूत चिन्ता दिखाई पड़ रही है। 'जल्द-जल्द पैर बढ़ाओ' में निराला सीधे भावी परिवर्तन की ओर संकेत करते हैं और जब वे स्पष्ट शब्दों में कहते हैं कि 'धोबी, पासी, चमार, तेली/खोलेंगे अँधेरे का ताला' तो मानो वे सीधे-सीधे क्रान्ति का आह्वान करते हैं और यह संकेत भी देते हैं कि इस क्रान्ति के अगुआ कौन होंगे। यह निराला का क्रान्तिकारी रूप है जो 'बादल-राग' जैसी कविताओं से शुरू हुआ था और 'बेला' की 'जल्द-जल्द पैर बढ़ाओ' में उसका एक नया, निखरा हुआ रूप

दिखाई पड़ता है। यह निराला के काव्य में बढ़ती हुई प्रखर राजनीतिक चेतना की मौजूदगी का प्रमाण है।

'चरखा चला' शीर्षक से ऐसा भ्रम नहीं होना चाहिए कि कवि महात्मा गाँधी के चरखा के सम्बन्ध में कुछ लिख रहा है। चरखा आदमी को सभ्य बनाने के लिए सूत कातने के उपयोग में लाया गया था। वेदों से ही मानवीय सभ्यता का विकास आरम्भ होता है। सभ्यता के इस विकासक्रम के घरों को बनाना, भेड़-बकरियों का पालना और वैदिक भाषा का संस्कृत भाषा में बदलना आदि का उल्लेख है। बीच-बीच में व्यंग्य भी चलता रहता है। जैसे-

वेदों के बाद जाति चार भागों में बँटी,
यही राम राज्य है।[11]

चूँकि निराला ने अपने जीवन और रचना दोनों में लीक को तोड़ा है इसीलिए उन्हें लीक तोड़नेवाले वाल्मीकि की याद आई। वेद मन्त्रों में रचे गए हैं। वाल्मीकि ने अपनी अभिव्यक्ति के लिए छन्दों का अन्वेषण किया। यही नहीं वाल्मीकि की दो और विशेषताओं को उन्होंने रेखांकित किया है। पहली विशेषता यह है कि उन्होंने मनुष्य को सम्मान दिया, देवताओं को नहीं और 'धरती की प्यारी लड़की सीता' के गाने गाए। ऐसे ही अवसरों पर कवि के अपने दृष्टिकोण का महत्त्व होता है। सीता को उन्होंने जब कभी याद किया है-धरती की बेटी के रूप में ही। 'राम की शक्तिपूजा' में भी वे 'पृथ्वी-तनया कुमारिका छवि' को ही याद करते हैं। यदि निराला की पूरी कविताओं की छानबीन की जाय तो धरती के साथ उसका जितना लगाव है उतना लगाव कम-से-कम छायावादी कवियों में और किसी का नहीं है। इसके बाद उन्होंने उस श्रीकृष्ण की याद की है, जिन्होंने परम्परा की लीक तोड़कर इन्द्रपूजा के स्थान पर गोवर्धन पूजा की नींव डाली। यही नहीं उन्होंने मनुष्यों के साथ गायों और बैलों को भी सम्मान दिया। बलराम हल को ही अपना हथियार मानते थे। वह कृषि सभ्यता का प्रतीक है। उससे खेती हरी-भरी हुई। अन्तिम पंक्ति में निराला लिखते हैं-"यहाँ तक पहुँचते अभी दुनिया को देर है।" सामान्यतः पाठक के मन में प्रश्न उठ सकता है कि दुनिया तो कृषि-सभ्यता से बहुत आगे बढ़ गई है। अब तो औद्योगिक काल के आगे अन्तर-औद्योगिक काल की चर्चा की जाने लगी है। ऐसी स्थिति में निराला दुनिया को पीछे मुड़कर कृषि सभ्यता की ओर क्यों भेजना चाहते हैं? 'भगवान बुद्ध के प्रति' कविता में वे 'सभ्यता के वैज्ञानिक जड़-विकास पर'[12] आक्रमण कर चुके हैं। आणविक हथियारों का परिणाम दुनिया को सर्वनाश की दिशा में ले जाएगा, इसमें कोई सन्देह नहीं है। उनका अभिप्राय

इतना ही है कि हमारी सभ्यता का विकास इस प्रकार से करना चाहिए कि कृषि-सभ्यता की सुख-शान्ति उपलब्ध हो। यह दूसरी बात है कि इतिहास मुड़कर कृषि-सभ्यता में नहीं लौट सकता लेकिन जब दुनिया को शान्ति की आवश्यकता होगी तो वह इतिहास को उसके आस-पास तक नए ढंग से ले जाने का प्रयास करेगी। राजनीति के दाँव-पेंच के माहिर लोग शस्त्र-व्यवसाय से दुनिया को विनाश की दिशा में ले जा रहे हैं। निराला के सामने शस्त्र का प्रतीक केवल हल है। इस पर गाँधीवादी विचारधारा का प्रभाव भी माना जा सकता है। थोड़े-से मिथकों को लेकर निराला ने सामान्य मनुष्य की मर्यादा को स्थापित करने की चेष्टा की है, जो आज की स्पर्धा में पूँजीवादी व्यवस्था में समाप्त होती जा रही है।

'नए पत्ते' में कई कविताएँ ऐसी हैं जिनमें किसान और जमींदार के बीच संघर्ष-चेतना का चित्रण किया गया है। निराला की संघर्ष-चेतना प्रेमचन्द की वर्ग-चेतना से भिन्न है। प्रेमचन्द के कथा-साहित्य में भी जमींदारों और किसानों का संघर्ष विस्तार से चित्रित किया गया है, किन्तु उन संघर्षों की अन्तिम परिणति किसी आश्रम या गाँधीवादी हृदय-परिवर्तन में होती है। निराला की कविता में अनेक प्रकार के संघर्षों का चित्रण हुआ है जिनमें आत्म-संघर्ष तथा वर्ग-संघर्ष दोनों है। कविता में कहीं पर संघर्ष का आभास देते हैं तो कहीं पर संघर्षशील किसानों की विजय का संकेत देते हैं। कविता की परिणतियाँ संघर्ष में ही होती हैं न कि हृदय-परिवर्तन में। निराला जी अकेले व्यक्ति हैं जो अपने समय में न तो जीवन में समझौता करते हैं और न कविता में।

'कुत्ता भौंकने लगा' में एक ओर तो अकाल की-सी स्थिति है दूसरी ओर जमींदार का सिपाही कन्धे पर लट्ठ डाले डिप्टी साहब के लिए चन्दा माँगता है। चूँकि डेरे पर थानेदार आए हुए थे इसलिए किसानों में एक दहशत-सी छा गई थी। निराला ने इस छोटी-सी कविता में संघर्ष की ओर जो इशारा किया है इससे थानेदार के विरुद्ध पाठकों के बीच करुणा मिश्रित प्रतिक्रिया जाग्रत होती है–

कोड़े से कुछ हटकर
लोगों के साथ कुत्ता खेतिहर का बैठा था,
चलते सिपाही को देखकर खड़ा हुआ,
और भौंकने लगा,
करुणा से बन्धु खेतिहर को देख-देखकर।[13]

करुणा के बन्धु खेतिहर की स्थिति स्वयं करुण है, लेकिन कुत्ता उसका साथ देता है। यह कुत्ता कार में घूमनेवाला खिलौना नहीं है। स्वामी पर विपत्ति के संकेत

से चौकन्ना हो जाता है। किसान की ओर से भूँकने लगता है।

'झींगुर डटकर बोला' शुद्ध राजनीतिक कविता है। इसमें किसान सभा के सदस्यों पर जमींदार का गोंड़इत गोली चला देता है। इस पर झींगुर ने कहा–

> *"चूँकि हम किसान-सभा के,*
> *भाईजी के मददगार*
> *जमींदार ने गोली चलवाई*
> *पुलिस के हुक्म की तामीली को।*
> *ऐसा यह पेंच है।"*[14]

निराला स्वयं किसान थे और अवध के किसान आन्दोलन से जुड़े हुए भी थे। काँग्रेस बहुत दिनों तक किसान सभाओं को अपने से अलग रखती रही है। इसी कविता में एक काँग्रेसी उपदेश देता है कि आगे चलकर जमींदार, साहूकार सभी अपने हो जाएँगे। ठीक इस कथन के विरोध में जमींदारों और पुलिस को एक वर्ग में खड़ा कर दिया है और किसानों को दूसरे में। यहाँ पर संघर्ष का चित्रण नहीं है किन्तु किसानों को इसका अहसास है कि उनपर गोली क्यों चलाई जा रही है। यह अहसास भी एक प्रकार की राजनीतिक चेतना ही है। 'कुत्ता भौंकने लगा' की तरह इस कविता का समापन उतना संवेदनात्मक नहीं हो पाया है, यह दूसरी बात है।

'छलाँग मारता चला गया' में भी जमींदार का सिपाही है। सिपाही की लाठी का गूला लोहा बँधा है। यदि किसान की जोत जमींदार के पेड़ से कहीं भी स्पर्श होती हो तो सिपाही लाठी को पेड़ के तने पर रखकर किसान को घूरता है। इसमें एक ऐसी ही स्थिति का वर्णन किया गया है। किसान सिपाही को देखकर धनुष की कमान बन जाता है। उसके सारे राजनीतिक-सामाजिक सहारे छूट जाते हैं। इस अत्याचार और सीनाजोरी का प्रतिवाद बहुत ही सांकेतिक ढंग से कराया गया है जिसमें मीठी चुटकी का मिश्रण भी है–

> *पास का मेढक थाले के पानी से उठकर*
> *मूत-मूतकर छलाँग मारता चला गया।*[15]

'कुत्ता भौंकता रहा' में प्रतिवाद के लिए कुत्ता खड़ा होता है तो इस कविता में मेढक। जीवन और रचना के आभिजात्य को निराला ने बराबर तोड़ा है। मेढक के जाने की क्रिया कविता के आभिजात्य पर भी चोट करती है।

'डिप्टी साहब आए' में भी एक गोंड़इत है। स्मरण रखना चाहिए कि ब्रिटिश

काल में पुलिस प्रभाव और आतंक बहुत अधिक था। गाँव में डर के मारे लोग गोंड़इत का भी स्वागत-सत्कार करते थे। गोंड़इत गाँववालों से कहता है कि–

"ऐसे-वैसे नहीं हैं,
डिप्टी साहब बहादुर तशरीफ ले आए हैं।"[16]

उस समय डिप्टी साहब बड़ी भारी तोप समझे जाते थे। इसीलिए तो गोंड़इत कहता है कि 'ऐसे-वैसे नहीं हैं।' गोंड़इत की ललकार से बदलू डर जाता है। गोंड़इत कहता जा रहा है–

"अहिर के मूसर, ये दई के दूसर है,
इनसे एक घाट में भेड़ और भेड़िए
बिना वैरभाव के पानी पी रहे हैं।
इनके साथ और अफसरान हैं,
जैसे दारोगाजी
बीस सेर दूध दोनों घड़ों में जल्द भर।"[17]

डिप्टी साहब का गाँव पर उतना रोब नहीं होता था जितना दारोगाजी का होता था, डिप्टी साहब के साथ वे भी मौजूद थे। जमींदार डिप्टी साहब और दारोगा की सहायता से लछमिन का बाग हड़प जाना चाहता है। लछमिन का पक्ष लेने पर गोंड़इत बदलू को 'बे' कहकर पुकारने लगा। अब तो बदलू से नहीं रहा गया–

जमकर बदलू ने बदमाश को देखा, फिर
उठा क्रोध से भरकर
और एक घूँसा तानकर नाक पर दिया।
गोंड़इत प्रेमीजन था
जमीं चूमने लगा।[18]

इस कविता की अन्तिम दो पंक्तियों के व्यंग्य-विधान पर बहुत लोग मुग्ध हैं। गाँव के लोग डरपोक तो होते हैं, लेकिन एक बार मरने-मारने पर उतारू हो जाने पर उनका साहस देखते ही बनता है। प्रेमचन्द के 'गोदान' का डरपोक होरी भी निर्भीक होने पर पठान को ऐसी पछाड़ देता है कि लोग दंग रह जाते हैं। एक आदमी के आगे आने पर सारा गाँव बदलू के साथ हो जाता है और लछमिन का बाग बच जाता है। यही नहीं दारोगा के सिपाही दाम देकर के खाने-पीने का

सामान ले जाते हैं। इस कविता में भी सरकारी कर्मचारी और जमींदार एक ओर हैं तो गाँव के किसान दूसरी ओर।

'महँगू महँगा रहा' ठीक स्वराज्य के पहले 1946 ई. की लिखी हुई रचना है। इस समय देश में काँग्रेस का आन्दोलन जोरों पर था। पण्डित जी जो बड़े बाप के बेटे और काँग्रेस के एक बड़े नेता थे, वे काँग्रेस के चुनाव पर बोल रहे थे। उनके साथ जमींदार, महाजन सभी लोग थे। जनता नेता का भाषण मन्त्रमुग्ध होकर सुन रही थी। किन्तु जनता में ही कुछ ऐसे लोग थे जिन्हें महाजनों, जमींदारोंवाली काँग्रेस में पूरा विश्वास नहीं था। कविता के अन्तिम अंश में लकुआ और महँगू का संवाद होता है। महँगू कहता है, 'कंपू' में किरिया को जो गोली लगी थी वह पण्डित जी के शागिर्द के कारण। जमींदारों, महाजनों और मिल मालिकों के रुपये से काँग्रेस का कारोबार चलता था। लकुआ ने महँगू से प्रश्न किया कि ऐसी स्थिति में हमलोग कहाँ जाएँ। महँगू लकुआ को उत्तर देता है–

महँगू ने कहा, "एक उड़ी खबर सुनी है,
हमारे अपने हैं यहाँ बहुत छिपे हुए लोग,
मगर चूँकि अभी ढीला-पोली है देश में,
अखबार व्यापारियों की ही सम्पत्ति है,
राजनीति कड़ी से भी कड़ी चल रही है,
वे सब जन मौन हैं इन्हें देखते हुए,
जब ये कुछ उठेंगे,
और बड़े त्याग के निमित्त कमर बाँधेंगे,
आएँगे वे जन भी देश के धरातल पर,
अभी अखबार उनके नाम नहीं छापते।
ऐसा ही पहरा है।"[19]

यहाँ पर निराला ने जिन छिपे हुए लोगों का उल्लेख किया है वे कम-से-कम काँग्रेसी नहीं हैं। सम्भव है निराला का संकेत वामपन्थी समाजवादियों और साम्यवादियों की ओर हो। ये छिपे हुए लोग साधारण वर्ग के व्यक्ति हैं। महाजन, जमींदार और मध्यवर्ग के लोग तो काँग्रेस के साथ थे ही। उनसे अलग हटकर के सोचने की विचारधारा समाजवादियों और साम्यवादियों की ही थी। समाजवादी तो काँग्रेस के ही एक अंग थे लेकिन साम्यवादी लोगों की विचारधारा काँग्रेस से बिलकुल अलग थी। किन्तु उनके नेता भी उच्च-मध्यवर्ग और मध्यवर्ग के ही थे। यदि निराला की दूसरी कविताओं का भी ध्यान रखा जाय तो काँग्रेस

की विचारधारा का सही अर्थों में विरोध करनेवाले लोग वही हो सकते हैं, जो सामान्य वर्ग के हैं। इस वर्ग की साझेदारी के अभाव में वामपन्थी विचारधारा भी बहुत काम की नहीं हो सकती। आज की दुनिया में वामपन्थी विचारधाराओं की असफलताओं के मूल में सम्भवतः यही तथ्य है। 'कुकुरमुत्ता' में निराला ने अन्त में लिखा है कि 'कुकुरमुत्ता उगाए नहीं उगता।' मतलब यह कि यह विचारधारा एक विशेष ऐतिहासिक परिस्थिति में अपने आप पैदा होती है।

मजदूर सम्बन्धी कविता

मजदूरों के सम्बन्ध में निराला ने बहुत कम कविताएँ लिखी हैं। इसका कारण यह नहीं है कि मजदूरों के प्रति इनकी सहानुभूति नहीं है। कविता सहानुभूति नहीं, अनुभूति के आधार पर लिखी जाती है। जिस किसानी परिवेश में निराला का लालन-पालन हुआ था, उस परिवेश और किसानों के सुख-दुःख का चित्रण उनकी कविताओं में प्रायः दिखाई पड़ता है।

'तोड़ती पत्थर' कविता निराला ने इसलिए लिखी कि इसका साक्षात्कार उन्होंने स्वयं किया था। पत्थर तोड़नेवालियों का साक्षात्कार इसलिए विशिष्ट होता है कि तोड़नेवाले के साथ उसकी समानानुभूति (इम्पैथी) हो जाती है। समूचे छायावादी काव्य में अनुभूति की सघनता तथा संरचनात्मक विन्यास में इस कविता का कोई जोड़ नहीं है। अनुभूति को और गहरा बनाने के लिए वह पुरुष के स्थान पर स्त्री का चुनाव करता है। जहाँ वह पत्थर तोड़ती है, वहाँ कोई छायादार पेड़ नहीं है। इसलिए यह लगता है कि पेड़ तो है लेकिन छायादार नहीं। मतलब यह है कि उसे खुली धूप में काम करना पड़ रहा है। छाया की व्यंजना यह भी अभिव्यक्त करती है कि उसे किसी का भी सहारा नहीं है। सहारा केवल उसका कर्म है। छायादार पेड़ की अनुपस्थिति उस समय और भी भयावह हो जाती है जब कवि कहता है कि–

'सामने तरुमालिका अट्टालिका प्राकार'

सामने सब कुछ है लेकिन उसके लिए बेकार है। कविता में तरुमालिका का उल्लेख छायादार पेड़ के न होने के अहसास को और भी गहरा बना देता है। कविता में इसी को विरुद्धों का सामंजस्य कहा गया है। यहीं पर शब्दार्थ और धारणाओं से भी जुड़ जाते हैं। वह पत्थर पर ही प्रहार नहीं कर रही है, बल्कि तरुमालिका अट्टालिका पर भी हथौड़े की चोट कर रही है।

अन्तिम पंक्तियों में वह स्वयं कहती है–'मैं तोड़ती पत्थर।' यहाँ पर 'मैं' का

प्रयोग काव्य की दृष्टि से और राजनीति की दृष्टि से महत्त्वपूर्ण है। पहली पंक्ति में 'वह तोड़ती पत्थर' कहा गया है। यहाँ पर 'वह' का स्थान 'मैं' ले लेता है। ऊपर की पंक्तियों में पत्थर तोड़ने का वर्णन कोई और करता है लेकिन अन्तिम पंक्तियों में मजदूर युवती स्वयं कहती है कि 'मैं तोड़ती पत्थर'। पत्थर तोड़ने का काम केवल मजदूर वर्ग द्वारा ही सम्पन्न हो सकता है। पूँजीवादी समाज में पैसे का महत्त्व इतना अधिक हो जाता है कि धनी-मानी सम्पन्न वर्ग संवेदनहीन पत्थर हो जाता है। ऐसे समाज और व्यवस्था को तोड़ने का काम सामान्य वर्ग के लोग ही कर सकते हैं।

'भेद कुल खुल जाय वह' कविता मिल मालिकों के विरुद्ध है। मिल मालिक मजदूरों के शोषण से दिन पर दिन मोटे होते चले जा रहे हैं। लेकिन इस भेद को मजदूर वर्ग महसूस करने लगा है। इसलिए वह कहता है–

भेद कुल खुल जाय वह
सूरत हमारे दिल में है।
देश को मिल जाय जो
पूँजी तुम्हारे मिल में है।[20]

'तोड़ती पत्थर' में जिस प्रकार का संघर्ष काव्यात्मक स्तर पर चित्रित किया गया है, वह यहाँ पर अनुपस्थित है। उस कविता की भाषिक बनावट भी इस तरह की है कि कविता के कथ्य और भाषिक संरचना में अभेद हो जाता है। 'भेद कुल खुल जाए' में सहज भाषा में एक प्रकार की आकांक्षा (विशफुलथिंग) व्यक्त हुई है। अतः काव्य के स्तर पर इसे बहुत महत्त्व नहीं दिया जा सकता।

पन्त की कविताओं में किसान और मजदूर

पन्त की परवर्ती कविताओं में मजदूरों और किसानों का चित्रण है। इन चित्रों में गाँव, कृषक आदि की संख्या अधिक है। निराला की कविताओं से पन्त की कविताओं का तुलनात्मक अध्ययन दोनों कवियों के अन्तर को स्पष्ट कर देता है। पन्त की एक कविता है–'घन-नाद'। जिस तरह निराला की 'तोड़ती पत्थर' में एक युवती श्रम करती हुई चित्रित की गई है, उसी प्रकार पन्त की कविता में घन-नाद का दृश्य प्रस्तुत किया गया है। लेकिन घन-नाद में केवल सिद्धान्त चर्चा है। उसका केन्द्रीय कथ्य इतना ही है कि लोहे के घन-नाद से श्रमिकों का चरित्र निर्मित होता है, और जो भावी शासनकर्ता हैं–

अग्नि स्फुलिंगों का कर तू मन,
जाग्रत करता दिग् दिगन्त घन,
जागो श्रमिको, बनो सचेतन
भू के अधिकारी हैं श्रम जन।
मांसपेशियाँ हृष्ट-पुष्ट, घन,
बटी शिराएँ, श्रम बलिष्ठ तन,
भू का भव्य करेंगे शासन,
चिर लावण्य पूर्ण श्रम के कण!
ठङ् ठङ् ठङ्।[21]

पन्त की कविता से पाठकीय संवेदना अस्पृश्य रह जाती है। श्रमिकों को सचेतन बनाने का काम भी कोरा उपदेशात्मक प्रतीत होता है। निराला की कविता का प्रगीतात्मक विन्यास पाठक के मन को बहुत गहरे में आन्दोलित करता है। इसी प्रकार पन्त की 'श्रमजीवी' कविता श्रमजीवी का स्तवन है, कविता की संवेदनात्मक बुनावट नहीं है–

लोक क्रान्ति का अग्रदूत, वर वीर, जनादृत,
नव्य सभ्यता का उन्नायक, शासक, शासित–
चिर पवित्र वह! भय, अन्याय, घृणा से पालित,
जीवन का शिल्पी–पावन श्रम से प्रक्षालित![22]

ग्राम वर्णन में भी वर्णन की प्रधानता है। गाँव का चित्र खींचता हुआ कवि कहता है–

यहाँ खर्व नर (वानर?) रहते, युग-युग से अभिशापित,
अन्न वस्त्र पीड़ित असभ्य, निर्बुद्धि, पंक में पालित!
यह तो मानवलोक नहीं है, यह रे नरक अपरिचित,
यह भारत का ग्राम–सभ्यता, संस्कृति से निर्वासित![23]

ग्रामश्री का वर्णन 'लह-लह पालक, मह-मह धनिया' के बावजूद गाँव के पेड़-पौधों आदि के विवरणों से भरा पड़ा है। वह बुड्ढा पाठकों के मन में करुणा का भाव जगाने में समर्थ है लेकिन दोनों कवियों के ग्राम सम्बन्धी दृष्टिकोण भिन्न हैं। पन्त ने गाँव का वर्णन करते हुए या तो ग्रामीणों की दयनीय-दशा का वर्णन किया है, या फिर ग्राम्य-रूढ़ियों का चित्रण। लेकिन निराला के ग्रामीण न तो

दीनता जानते हैं और न पलायन। वे संघर्षरत हैं। समय पड़ने पर ईंट का जवाब पत्थर से दे सकते हैं और देते हैं। जिस समाजवाद की कल्पना पन्त ने की है वह संघर्ष विरहित है। निराला में सिद्धान्त कथन नहीं मिलेगा। वे विशेष प्रकार की परिस्थितियों में किसानों को डालकर उन्हें जमींदारों, सरकारी अधिकारियों के विरुद्ध लड़ने के लिए तैयार करते हैं। यह दृष्टिकोण ही निराला की कविता को जन-जीवन के अधिक निकट ले जाता है। गरीब जनता को वे राजनीतिक दृष्टि से सचेत ही नहीं करते, संघर्षशील भी बनाते हैं।

कुछ अन्य राजनीतिक सन्दर्भ

राजनीतिक व्यंग्य आधुनिक जीवन की जटिलताओं से सम्बद्ध है। वास्तव में आधुनिक काव्य में राजनीति का प्रभाव दिन पर दिन बढ़ता जा रहा है। इससे व्यक्ति और समाज की समस्याओं में उलझनें भी बढ़ती चली जा रही हैं। ऐसी स्थिति में जीवन के वास्तविक तथा उद्देश्यमूलक चित्रण के लिए व्यंग्य का प्रयोग एक सीमा तक अनिवार्य हो गया है। राजनीतिक विडम्बनाओं का पर्दाफाश करने के लिए व्यंग्य से बढ़कर साहित्यकार के पास दूसरा हथियार नहीं हो सकता। छायावादी कवियों में निराला राजनीतिक दृष्टि से सबसे सचेत कवि थे। अतः उन्होंने व्यंग्य का भूरिशः प्रयोग किया है। केवल राजनीति के क्षेत्र में ही इस औजार का प्रयोग नहीं किया गया है, बल्कि सामाजिक, सांस्कृतिक तथा साहित्यिक परिवेश के यथार्थ को प्रस्तुत करने के लिए भी निराला ने इसे एक काव्यात्मक उक्ति के रूप में प्रयोग किया है। संस्कृत-साहित्य में व्यंग्य-विधान बहुत कम मिलेगा। मध्यकाल में एक विशेष सामाजिक परिस्थिति के कारण कबीर ने अपनी रचनाओं में व्यंग्य का प्रयोग किया है। व्यंग्य के पीछे व्यंग्यकार का गहरा उद्देश्य होता है। कबीर ने धर्म के आधार पर सामाजिक भेद-भाव पैदा करनेवाले पुरोहितों और काजियों को अपने व्यंग्यबाण का सटीक निशाना बनाया है। तुलसीदास ने 'कवितावली' में अपने ऊपर किए जानेवाले प्रहारों का प्रतिरोध व्यंग्य से ही किया है। 'रामचरितमानस' की खल-वन्दना का प्रसंग तो व्यंग्यात्मक है ही।

रीतिकालीन कवियों में व्यंग्य-विधान बिहारी में मिलता है। बिहारी का प्रसिद्ध दोहा है–

स्वारथ सुकृत न श्रम वृथा, देख विहंग विचार
बाज पराए पानि पर, तू पंछिन न मार।

मिर्जा राजा जयसिंह के लिए लिखा गया यह दोहा एक चुभता हुआ व्यंग्य है।

आधुनिक काल में व्यंग्य की शुरुआत भारतेन्दु हरिश्चन्द्र से होती है। उनके निबन्ध व्यंग्योक्तियों से भरे पड़े हैं। भारतेन्दु मण्डल के अन्य सदस्यों–बालकृष्ण भट्ट और प्रतापनारायण मिश्र–के तरकश में व्यंग्यात्मक तीर कम नहीं हैं। भारतेन्दु मण्डल की कविताओं में भी जहाँ-तहाँ इनकी झाँकी देखी जा सकती है। किन्तु कविता में व्यंग्य का संरचनात्मक प्रयोग निराला की कविता में मिलता है। यहाँ पर एक बुनियादी प्रश्न यह उठता है कि यह व्यंग्यात्मकता का सन्निवेश निराला की ही कविता में क्यों हुआ। दूसरा प्रश्न यह है कि व्यंग्यात्मकता के प्रयोग द्वारा उनकी कविता की भाषिक संरचना में क्या जुड़ता है और उसके फलस्वरूप कथ्य में कितनी भावात्मक सघनता, आक्रामकता और प्रभावात्मकता आती है। दूसरे शब्दों में इसे यों भी कहा जा सकता है कि निराला का व्यंग्य-विधान उनकी कविता के सौन्दर्य-शास्त्रीय आयाम में क्या जोड़ता है और उससे जुड़कर अर्थ संकेत की कौन-सी दिशा देता है।

व्यंग्य-विधान को लेकर पश्चिमी आलोचकों में परस्पर मतभेद है। कुछ लोगों के मतानुसार गम्भीर कविता के लिए व्यंग्य आवश्यक नहीं है, बल्कि व्यंग्य के कारण गम्भीरता में न्यूनता आ जाती है। क्लींथ ब्रुक्स ने एक अनाम लेखक की चर्चा करते हुए उसका मत उद्धृत किया है–"कविता में हास-परिहास का काफी अवकाश रहता है। लेकिन महान् कविता, सम्पूर्ण कविता इसे बर्दाश्त नहीं कर सकती।"[24] किन्तु आगे चलकर वह स्वयं व्यंग्य की मनोवैज्ञानिक जटिलता की प्रशंसा करता है।

फ्रेडरिक जेम्सन ने लिखा है कि साहित्य की दो समस्याएँ हैं–सौन्दर्य शास्त्रीय और राजनीतिक।[25]

क्लींथ ब्रुक्स तो व्यापक अर्थ में व्यंग्य या विडम्बना को काव्य का अनिवार्य अंग मानता है।

इस अर्थ में निराला की कविता में विसंगतियाँ और विडम्बनाएँ अधिक मात्रा में मिलेंगी, लेकिन यहाँ पर सन्दर्भ राजनीति का है। राजनीति का सम्बन्ध केवल सत्ता से नहीं है। साहित्यिक आन्दोलनों, धर्म-पुरोहितों आदि की भी अपनी राजनीति होती है। निराला के राजनीतिक व्यंग्य का फैलाव अधिक है। उसकी सीमा में तरह-तरह के राजनीतिक व्यंग्यों का समावेश हो जाता है। उनकी अधिकांश महत्त्वपूर्ण कविताओं में किसी-न-किसी रूप में व्यंग्य मिलेगा। अनेक परिस्थितियों के कारण सम्भवत: उनकी जीवन दृष्टि ही विडम्बनात्मक या व्यंग्यात्मक हो गई थी।[26]

जिस समय हिन्दी में छायावादी कविता का लिखा जाना आरम्भ हुआ उस

समय पुराणपन्थी लोगों ने जमकर विरोध किया। किन्तु धीरे-धीरे छायावादी कविता ने एक आन्दोलन का रूप ले लिया, लेकिन महावीर प्रसाद द्विवेदी संस्थान के लेखकों और कवियों के अतिरिक्त रामचन्द्र शुक्ल जैसे श्रेष्ठ आलोचक भी इस आन्दोलन का विरोध कर रहे थे। विरोधियों को मुक्त छन्द से तो घृणा थी ही, छायावादी काव्य का नवोन्मेष भी उन्हें पसन्द नहीं था। उस समय पण्डित नन्ददुलारे वाजपेयी ने छायावादियों के समर्थन में अनेक लेख लिखे। स्थापित पत्र-पत्रिकाओं में छायावादी कवियों की कविताओं का प्रकाशन बहुत कम होता था। निराला जी की कविताओं की तो और भी अधिक उपेक्षा हुई।

छायावादी कवियों में प्रसाद, निराला और पन्त तीनों ने अपने विरोधियों का समय-समय पर समुचित उत्तर दिया। उत्तर-प्रत्युत्तर केवल गद्य में ही नहीं होते थे, छन्दोबद्ध भी होते थे। शुक्ल जी ने स्वयं छायावादी काव्य के विरुद्ध छन्दोबद्ध रचना की है और निराला ने छन्दोबद्ध उत्तर दिया है।

निराला को खूब मालूम था कि छायावादी कविता के विरोध का अर्थ है—नवीन सांस्कृतिक राजनीतिक चेतना का विरोध। उन्होंने पन्त जी की तरह से ही रीतिकालीन मान्यताओं का विरोध किया है। निराला का कहना था कि देशकालानुरूप नए भावों को व्यक्त करने के लिए पुराने छन्द, पुराने विचार, पुरानी भाषा असमर्थ है। जो लोग छायावादी काव्यान्दोलन का विरोध कर रहे थे वे कहीं-न-कहीं मध्यकालीन मानसिकता से जकड़े हुए थे। मध्यकालीन मानसिकता यथास्थितिवाद को बनाए रखना चाहती थी। यह भी एक प्रकार की राजनीति थी। इस मध्यकालीन जड़ता को तोड़ने का प्रयास छायावादी कविता में दिखाई पड़ता है। यदि मैथिलीशरण गुप्त और प्रसाद निराला आदि की कविताओं का तुलनात्मक अध्ययन किया जाय तो पता लगेगा कि स्वतन्त्रता की जो नई चेतना पूर्ण संवेदनात्मकता के साथ छायावादी काव्य में दिखाई पड़ती है, वह किसी भी पूर्ववर्ती कवि की कविता में नहीं दिखाई पड़ती। प्राचीन काव्य रूढ़ियों और लोकवादी विचारों को तोड़ना नवीन प्रगतिशील चेतना का सूचक है।

सन् 27-28 ई. में लिखी गई निराला की धारा कविता एक साथ ही दो धाराओं का संकेत करती है। पहली धारा छायावादी-काव्यधारा का प्रतिनिधित्व करती है तो दूसरी राष्ट्रीय आन्दोलन की धारा। वास्तव में इतिहास में कई प्रकार की अन्तर्विरोधी धाराएँ चलती रहती हैं। इन धाराओं का कभी पारस्परिक सम्बन्ध भी होता है और कभी विरोध भी। मोटे तौर पर एक धारा ऐसी होती है जो प्रगतिशील तथा भविष्योन्मुखी होती है। इस धारा को पहचानना इतिहास को पहचानना है। यह धारा जब कमजोर होती है तो इसे अवरुद्ध करनेवाली ताकतों

की प्रधानता हो जाती है, किन्तु एक समय के बाद यह धारा अपनी प्रखरता में सारे अवरोधों को बहा ले जाती है। इसे रोकने का प्रयास करनेवाले लोग इसमें बहकर पता नहीं किस किनारे लगते हैं। यह निराला के युवा काल की कविता है। इसमें ओज, पौरुष, औदात्य और रचनात्मक इतिहास दृष्टि का सम्मिश्रण है। धारा कविता की शुरुआत अत्यन्त आवेगमय है–

बहने दो
रोक-टोक से कभी नहीं रुकती है,
यौवन-मद की बाढ़ नदी की
किसे देख झुकती है?[27]

यह यौवन-मद निराला का भी है और धारा का भी। इस धारा को रोकने का प्रयास भी बार-बार किया गया है। इस पर व्यंग्य करते हुए निराला लिखते हैं–

सुना, रोकने उसे कभी कुंजर आया था,
दशा हुई फिर क्या उसकी?
फल क्या पाया था?
तिनका जैसा मारा-मारा
फिरा तरंगों में बेचारा
गर्व गँवाया–हारा;
अगर हठ वश आओगे,
दुर्दशा करवाओगे–बह जाओगे

x x x

बड़े दम्भ से खड़े हुए ये भूधर
समझे थे जिसे बालिका,
आज ढहाते शिला-खण्ड-चय देख
काँपते थर-थर–
उपल-खण्ड-नर-मुण्ड-मालिनी कहते उसे कालिका।[28]

सारे बन्धनों के ढीला होने और प्राणों के मुक्त होने की चर्चा भी इस कविता में की गई है। इसमें 'कुंजर' और 'भूधर' के प्रतीकों द्वारा जो कुछ व्यक्त किया गया है, उसमें साहित्यिक बदलाव के साथ-साथ राजनीतिक बदलाव की भी ध्वनि है।

यों निराला में जो विशेष प्रकार का व्यंग्य-विधान और साहित्यिक-बदलाव दिखाई पड़ता है, उसकी मूल प्रेरक शक्ति राजनीति ही है।

'मित्र के प्रति' कविता में भी मुख्यत: छायावादी काव्यान्दोलन का समर्थन तथा नए जीवनोन्मेष का वर्णन है। मित्र का कहना था कि तुम्हारी कविताओं में न छन्द है, न भाव है, न प्राण-वत्ता है, न सारस, हंस है, न कमल है इसलिए तुमको अपना नीरस गान बन्द करना चाहिए। निराला इस 'सरसता' यानि मध्यकालीन काव्य-भाव पर व्यंग्य करते हुए लिखते हैं–

सत्य, बन्धु सत्य; वहाँ
नहीं अर्र-वर्र;
नहीं वहाँ भेक, वहाँ
नहीं टर्र-टर्र।

एक यही आठ पहर
वही पवन हहर-हहर
तपा तपन ठहर-ठहर
सजल कण उड़े
गए सूख भरे ताल
हुए रूख हरे शाल,
हाय रे, मयूर-व्याल
पूँछ ऐ जुड़े।[29]

कवि का कहना है कि अब तो दृश्य ही बदल गया है। चारों ओर हरीतिमा है, आम्र मंजरी है, कोकिल की कूक है, लेकिन प्राचीन-परम्परा में पले हुए तुम्हारे जैसे लोगों को काव्य के नए भावों और नई जीवन दृष्टि के दर्शन कैसे हो सकते हैं। क्योंकि–

रहे बन्द कर्ण-कुहर,
मन पर प्राचीन मुहर,
हृदय पर शिला।[30]

प्राचीनता का विरोध निराला ने बार-बार किया है। प्राचीनता का अभिप्राय अपनी समृद्ध-परम्परा नहीं है, परम्परा नित्य परिवर्तनशील होती है, किन्तु कुछ ऐसी बातें अवश्य होती हैं जो बदले हुए समय में भी अपना मूल्य नहीं खोतीं। निराला

प्राचीनता का विरोध करते हैं, लेकिन परम्परा को अपनाए जाने का समर्थन करते हैं। इस तरह वे युवा मानस का परिष्कार करते हुए नवीन मानवीय चेतना के प्रति जागरूक बना रहे थे।

'वन-बेला' सन् 1937 ई. की रचना है। सन् 37 ई. के आस-पास जैसाकि पहले ही संकेतित किया जा चुका है–निराला के जीवन में एक प्रकार की निरर्थकता और व्यर्थता-बोध का प्रवेश होता है। 'वन-बेला' में भी वह लिखता है–

हो गया व्यर्थ जीवन
मैं रण में गया हार।[31]

इसकी प्रतिक्रिया के फलस्वरूप वह राजनीतिक व्यंग्य पर उतर आता है।

'फिर लगा सोचने–यथासूत्र' के लिखने के सिलसिले में वह धनी-मानी नेतृवर्ग पर व्यंग्य करता है। इसका उल्लेख पीछे किया जा चुका है। अतः पिष्टपेषण की आवश्यकता नहीं है। यह व्यंग्य छत्तीस पंक्तियों तक चलता है। इससे उनकी चोट की गहराई का पता चलता है। बेला से अपने जीवन की तुलना करते हुए कवि लिखता है–

देखा फिरकर, घिरकर हँसती उपवन-बेला
जीवन में भर
यह ताप, त्रास
मस्तक पर लेकर उठी अतल की अतुलखांस,
ज्यों सिद्धि परम
भेदकर कर्म जीवन के दुस्तर क्लेश, सुषम
आयी ऊपर
जैसे पारकर क्षीर-सागर
अप्सरा सुघर
सिक्त-तन-केश शत लहरों पर
करती विश्व के चकित दृश्य के दर्शन-शर।[32]

'मैं भी होता, यदि राजपुत्र' के साथ तुलना करने पर इन पंक्तियों का ही अर्थ स्पष्ट नहीं होता है, बल्कि राजनीतिक व्यंग्य की धार और भी पैनी हो जाती है। बेला की तरह राजपुत्र कर्म जीवन के दुस्तर क्लेश पार नहीं करता। सम्भवतः इसीलिए बेला जैसी चमक और सुगन्ध राजपुत्र में आ ही नहीं सकती। आगे चलकर वह बेला की स्तुति करते हुए लिखता है–

हे वन्य वह्नि की तचि नवल!
कविता में कहाँ खुले ऐसे दल दुग्ध धवल?[33]

वह वन-बेला को जंगल की आग कहता है। बेला की श्वेत पंखुड़ियों के भीतर आग छुपी हुई है। कविता को भी वह इसके समकक्ष पहुँचाना चाहता है। कहना न होगा कि निराला की अधिकांश कविताओं में आग की ऊष्मा छिपी हुई है। आगे चलकर बेला का एक काव्यात्मक कथन द्रष्टव्य है–

भाव में हरा में, देख मन्द हँस दी बेला,
बोली अस्फुट स्वर से–यह जीवन का मेला।
चमकता सुघर बाहरी वस्तुओं को लेकर,
त्यों-त्यों आत्मा की निधि पावन बनती पत्थर।
बिकती तो जो कौड़ी मोल
यहाँ होगी कोई इस निर्जन में,
खोजो, यदि हो समतोल
वहाँ कोई विश्व के नगर-धन में।
है वहाँ मान,
इसलिए बड़ा है एक, शेष छोटे अजान,
पर ज्ञान जहाँ,
देखना–बड़े छोटे; असमान, समान वहाँ
सब सुहृदवर्ग
उनकी आँखों की आभा से विश्वेश स्वर्ग।[34]

इस कथन को पुनः राजनीतिक व्यंग्य से जोड़ा गया है। बाहरी वस्तुओं को लेकर जहाँ पर चमक होगी वहाँ पर आत्मा पत्थर बन जाएगी। वह कहती है कि संसार के धनी नगरों में इस प्रकार की निर्मल आत्मा नहीं मिलेगी। नगरों में धन है, मान है, छोटे-बड़े का भेद है, किन्तु यहाँ पर सभी एक समान है। सभी से सौहार्द का सम्बन्ध है। राजनीतिक जीवन तामझाम, धन-वैभव, भेद-भाव और अनेक प्रकार के तिकड़मों से भरा पड़ा है। निराला इस कविता के माध्यम से एक ऐसे समाज की परिकल्पना करना चाहते हैं, जिसमें आत्मा पत्थर न बनती हो। आज के पूँजीवादी औद्योगिक समाज में मनुष्य अपनी संवेदना को खोकर आत्मकेन्द्रित और पत्थर बनता जा रहा है। उसे तोड़ने का उपाय इसी में निहित है कि बाह्याडम्बर को छोड़कर हम जीवन की सहजता की ओर बढ़ें।

समाज में ऊँच-नीच का भाव मूलत: राजनीतिक होता है। आज के भारतीय समाज में स्पष्ट दिखाई देता है कि राजनीतिक लाभ के लिए किस प्रकार लोग जातियों का दुरुपयोग करते हैं। ब्राह्मणवादी जाति व्यवस्था के कारण देश की जो हानि हुई है वह किसी से छिपी नहीं है। राजनीतिक वर्ग आज भी इसका लाभ उठा रहे हैं। ब्राह्मणवाद का विरोध करने के कारण निराला स्वयं ब्राह्मण समाज में बराबर उपेक्षित बने रहे। इस दर्द की अभिव्यक्ति करते हुए उन्होंने लिखा है–

ईर्ष्या कुछ नहीं मुझे, यद्यपि
मैं ही वसन्त का अग्रदूत,
ब्राह्मण-समाज में ज्यों अछूत
मैं रहा आज यदि पार्श्वच्छवि।[35]

ब्राह्मणवाद का विरोधी स्वर उनकी चतुरी-चमार जैसी कहानियों, विल्लेसुर बकरिहा और कुल्ली भाट जैसी व्यंग्यात्मक पुस्तकों में देखा जा सकता है। मध्यकाल में कुछ ऐसे सूफी कवि भी हो गए हैं, जिन्होंने हिन्दुओं-मुसलमानों के भेदभाव को बढ़ाया भी है। कुतुबन की अनुराग-बाँसुरी ऐसी ही पुस्तक है। जायसी ने तत्कालीन स्थिति में दोनों वर्गों में मेलजोल बढ़ाने का रास्ता अपनाया था। इसीलिए डा. राममनोहर लोहिया ने जायसी को 'कुजात सूफी' कहा है।[36]

'प्रेम-संगीत' में प्रेम सम्बन्धी आभिजात्य कल्पना पर व्यंग्य किया गया है। ब्राह्मण के लड़के का कहारिन से प्रेम करना तो अस्वाभाविक नहीं है, किन्तु दूसरे बन्द में वह रोमांस विरोधी भावना को व्यंग्यात्मक ढंग से अभिव्यक्त करता है–

कोयल-सी काली, अरे,
चाल नहीं उसकी मतवाली,
ब्याह नहीं हुआ, तभी भड़का
दिल मेरा, मैं आहें भरता हूँ।[37]

रीतिकाल में नायिकाओं के सौन्दर्य और तारुण्य की बहुत चर्चा की गई है। छायावादी कविता में भी प्रसाद, पन्त, निराला सभी की नायिकाएँ अथवा प्रेयसियाँ सुन्दर भी हैं और आकर्षक भी। एक प्रकार से यह बँधा-बँधाया उच्चवर्गीय दृष्टिकोण है। इस कविता में निराला उसी वर्गवादी दृष्टिकोण पर प्रहार करते हैं।

'कुकुरमुत्ता' एक लम्बी व्यंग्यात्मक कविता है, किन्तु इसके सम्बन्ध में विचार करते हुए आलोचकों में मतभेद दिखाई पड़ता है। इसमें कोई सन्देह नहीं कि यह कविता मार्क्सवादी जीवन-दर्शन से कहीं-कहीं सम्बद्ध है। इन लोगों की

बात जाने दीजिए, जो लोग 'कुकुरमुत्ता' में अद्वैत वेदान्त का समर्थन खोज निकालते हैं। 'कुकुरमुत्ता' पर विचार करते हुए रामविलास शर्मा ने जो तर्क प्रस्तुत किया है वह मार्क्सवाद के पक्ष में जाता है। उनका कहना है–कुकुरमुत्ता की तर्क-योजना जिस वर्ग–दृष्टि का परिचय देती है, वह प्रोलिटेरियट की नहीं, लुम्पेन प्रोलिटेरियट की वर्गदृष्टि है, शहर के आवारा टुटपुँजियों का दृष्टिकोण जो क्रान्तिकारी संगठन और संघर्ष का रास्ता छोड़कर अराजकतावादी नीति अपनाता है। सर्वहारा वर्ग के बारे में उनकी राय क्या है, वह इन पंक्तियों से जाहिर होती है–

मैंने बदले पैंतरे
जहाँ भी शासक लड़े।
पर हैं प्रोलिटेरियन झगड़े जहाँ
मियाँ बीवी के, क्या कहना है वहाँ।

शासकों की लड़ाई और मियाँ–बीवी की लड़ाई–दोनों में उसे समान रस मिलता है। मियाँ–बीवी की लड़ाई को वह खासतौर से प्रोलिटेरियन के विशेषण से विभूषित करता है। जहाँ इस तरह के झगड़े हों वहाँ मानो सर्वहारा संस्कृति का परिचय विशेष रूप से मिलता है।[38]

शर्मा जी ने कविता की अन्तिम दो पंक्तियों पर विचार करते हुए कुकुरमुत्ता के स्वस्थ प्रोलिटेरियन स्वरूप को खारिज कर दिया है। लेकिन इसे उलटे ढंग से भी समझा जा सकता है। भारतीय समाज में–भारतीय ही समाज क्या दुनिया के समाज में, जिसमें पुरुष वर्ग का प्रभुत्व है, स्त्री सदा–सर्वदा से एक वस्तु के रूप में मानी गई है। दुनिया का इतिहास इसका साक्षी है कि शूद्रों से भी कहीं अधिक उनका शोषण हुआ है। अपने देश के धर्मग्रन्थों में तो वह शूद्रों से भी गई–बीती मानी गई है, अतः उससे बढ़कर प्रोलिटेरियट कौन होगा। निराला ने मियाँ–बीवी के झगड़े का उल्लेख करते हुए स्त्री प्रोलिटेरियट को रेखांकित किया है। कोई कह सकता है कि शर्मा जी का तर्क प्रतिरक्षात्मक (डिफेंसिव) है।

सन्दर्भ

1. सं. नन्दकिशोर नवल : निराला रचनावली–6, पृ. 443
2. वही, पृ. 443
3. अयोध्या सिंह : भारत का मुक्ति संग्राम, पृ. 425

4. सं. नन्दकिशोर नवल : निराला रचनावली-1, पृ. 84-85
5. वही, पृ. 343
6. वही, निराला रचनावली-2 पृ. 109-110
7. वही, पृ. 129
8. वही, पृ. 129
9. वही, पृ. 177
10. वही, पृ. 162-163
11. वही, पृ. 179
12. वही, पृ. 35
13. वही, पृ. 181
14. वही, पृ. 182
15. वही, पृ. 193
16. वही, पृ. 194
17. वही, पृ. 194
18. वही, पृ. 195
19. वही, पृ. 199
20. वही, पृ. 161
21. सुमित्रानन्दन पन्त : चिदम्बरा, पृ. 53
22. वही, पृ. 52
23. वही, पृ. 66
24. क्लींथ ब्रुक्स : मॉडर्न पोएट्री एण्ड द ट्रेडिशन, पृ. 18
25. फ्रेडरिक जेम्सन : द आइडियालॉजीज ऑफ थियरी, एसेज, वाल्यूम-2, पृ. 103
26. क्लींथ ब्रुक्स : द वेल रूट, पृ. 191
27. सं. नन्दकिशोर नवल : निराला रचनावली-1, पृ. 71
28. वही, पृ. 72
29. वही, पृ. 292
30. वही, पृ. 293
31. वही, पृ. 327
32. वही, पृ. 328-329
33. वही, पृ. 329
34. वही, पृ. 330
35. वही, पृ. 331
36. विजयदेव नारायण साही : 'जायसी', पृ. 51 से उद्धृत
37. सं. नन्दकिशोर नवल : निराला रचनावली-1, पृ. 29
38. रामविलास शर्मा : निराला की साहित्य-साधना-2, पृ. 225

पंचम अध्याय

काव्यगत राजनीतिक संदर्भों की भाषा

इधर पिछले चार-पाँच दशकों से हिन्दी में काव्यभाषा की खूब चर्चा हुई है। पश्चिम में भाषाविद, दार्शनिक, कवि, आलोचक काव्यभाषा के सृजनात्मक प्रयोग के सम्बन्ध में विस्तार से विचार करते रहे हैं। भारतीय काव्यशास्त्र का मुख्य विवेच्य काव्यभाषा था। यदि काव्यभाषा सम्बन्धी पूर्व और पश्चिम के विचारों का तुलनात्मक अध्ययन किया जाय तो समानताएँ और विलादृश्यताएँ मिलेंगी।

कविता की भाषा सर्वाधिक रचनात्मक, रमणीय और सम्पूर्ण होती है। अन्तरतम की गहनतम अनुभूतियों की सूक्ष्मातिसूक्ष्म पकड़ की क्षमता कविता की भाषा में ही होती है। भारतीय काव्यशास्त्र में वक्रोक्ति सिद्धान्त काव्यभाषा का ही सिद्धान्त है। यदि काव्य है तो वह वक्रोक्तिपूर्ण होगा ही। भामह वक्रोक्ति हीन काव्य को वार्ता कहता है। काव्य में जिस सौन्दर्य की चर्चा की जाती है वह वक्रोक्ति से ही आता है। 'वक्र शब्द और वक्र अर्थवाली उक्ति ही अलंकृति या सौन्दर्य है।' इसे 'लोकातिक्रान्त गोचर वचन' भी कहा गया है। यह जनसामान्य की भाषा-शैली से भिन्न होता है। शास्त्र की भाषा का न्याय (लाजिक) व्याकरणसम्मत होता है, पर काव्य की भाषा का अपना न्याय (लाजिक) होता है। इधर काव्यभाषा की अपने विशिष्टता के विरोध में सपाटबयानी का मौसमी नारा उभारा गया। इसका विरोध बहुत पहले कुन्तक ने ही कर रखा है–लगभग एक हजार वर्ष पूर्व। उसके मत से 'स्वभावोक्ति' काव्य में हो ही नहीं सकती। किसी-न-किसी अंश में काव्यभाषा को वक्रोक्तिपूर्ण होना आवश्यक है। 'स्वभावोक्ति' को सपाटबयानी कहा जा सकता है। राजशेखर ने कर्पूरमंजरी की भूमिका में लिखा है–'उक्ति विशेषः काव्यम्'। उक्ति विशेष का अभिप्राय है वक्रोक्ति या कथन का चामत्कारिक ढंग।

वेलरी कविता की भाषा को भाषा के भीतर की भाषा–Language within

Language कहता है।[1] कवि भाषा को तोड़ता है, स्थानान्तरित (डिसलोकेट) करता है। इसी को कवि की रियायत (Poetic licences) कहा जाता है। यह रियायत किसी और को नहीं मिल पाती।

स्विस भाषाविद् सस्योर भाषा को दो कोटियों में विभाजित करता है–लांग और पेरोल। नीम चाम्स्की इसी को कांपिटेंस और परफारमेंस कहता है। इस विभाजन से काव्यभाषा के अध्ययन में भी सहायता पहुँचती है। लांग व्याकरणबद्ध सामान्य भाषा है, पेरोल में वैयक्तिकता का सन्निवेश रहता है, शैलीगत वैशिष्ट्य होता है। यही चाम्स्की का 'परफारमेंस' है। कवि सामान्यतः भाषा को अजनबीकृत (डि फेमिलियराइज) करता है, अभिव्यक्ति की सामान्य प्रणाली से काव्य-प्रणाली को विचलित (डेविएट) कर देता है। इससे भाषा में ताजगी या प्रत्यग्रता आ जाती है।

क्लींथ ब्रुक्स ने अपने एक साक्षात्कार में कहा है–'यदि साहित्य को इतिहास आदि से पृथक् करना है तो रेहटारिकलशक्ति को प्राथमिकता देनी होगी...अगर यह कविता है और आप इसमें दिलचस्पी ले रहे हों तो आपको उसके रूप में दिलचस्पी लेनी होगी,[2] नार्थापफ्राई ने कविता के मूल्यांकन को ही नकार दिया है। कविता में मूल्यांकन वर्जित नहीं किया जा सकता। लेकिन इसका आधार भी कविता शब्द संघटन या रूप विधान ही होगा।

राजनीतिक सन्दर्भों से युक्त काव्य भाषा की सम्पूर्ण वक्रोक्तियों को समाहित करते हुए भी अपनी खास पहचान रखती है। यह खास पहचान व्यंग्योक्तियों में निहित होती है। ज्यों-ज्यों राजनीति की जटिलता बढ़ती गई है त्यों-त्यों व्यंग्य-विधान भी बदलता गया है, दूसरे शब्दों में जटिल होता गया है। संस्कृत काव्य में यह अत्यन्त विरल है। एक सुव्यवस्थित समाज में काव्य भद्रलोक की ही सम्पत्ति होता था–यह भद्रलोक एक खास तरह के संस्कारों, शास्त्रीय परिपाटियों में निबद्ध होता था। इन्हीं को भारतीय काव्यशास्त्र में सहृदय कहा गया है। कबीर की कविताओं में काव्य के पुराने प्रतिमान टूट जाते हैं। धर्म के भक्ति के बन्धनों से मुक्त न होकर भी अपने व्यंग्य-विधान में वह किन्हीं अर्थों में राजनीतिक सन्दर्भों से भी जुड़ जाता है। मैथिलीशरण गुप्त ने अनेक राष्ट्रीय-राजनीतिक कविताएँ लिखी हैं, किन्तु अपनी सपाटबयानी और इतिवृत्तात्मकता के कारण उनमें काव्यतत्त्व प्रायः नहीं है।

सामान्यतः निराला की काव्यभाषा में जितना पैना व्यंग्य मिलता है उतना छायावाद के किसी कवि में नहीं मिलता। कोई चाहे तो इसे यों भी कहा जा सकता है कि निराला के अतिरिक्त अन्य छायावादी कवियों की भाषा में व्यंग्य नहीं है।

परवर्ती कविताओं में व्यंग्य अधिक धारदार होते हुए 'फेबुल' में बदल जाता है। गम्भीर राजनीतिक कविताएँ जो '36 या '36 के पूर्व लिखी गईं उनकी भाषा-शैली, प्रतीक-बिम्ब के विचार से परवर्ती कविताओं की भाषिक सरलता और व्यंग्यात्मक उक्तियाँ बहुत भिन्न हैं। यह उनके अपने वैचारिक परिवर्तन और राजनीतिक बदलाव का सूचक है।

मिथकीय कविताएँ

उनकी मिथकीय कविताओं में 'राम की शक्तिपूजा' और 'तुलसीदास' अत्यन्त सशक्त बन पड़ी हैं। इनके सम्बन्ध में बहस हो सकती है कि ये राजनीतिक कविताएँ नहीं हैं। यदि अन्याय के विरुद्ध न्याय का संघर्ष राजनीतिक कविता नहीं है तो राजनीतिक कविता और क्या होगी? यदि अपनी संस्कृति और राष्ट्र की रक्षा, उन्नयन, परिष्करण राजनीतिक कविता नहीं है तो और कुछ नहीं है। हाँ, ये कोरी राजनीतिक कविताएँ नहीं हैं। व्यापक अर्थ में इन्हें सांस्कृतिक कविताओं की संज्ञा दी जा सकती है। राजनीति इस व्याप्ति में स्वतः समाहित हो जाती है। महत्त्वपूर्ण कविताएँ जिन्दगी के गहनतम आयाम से जुड़ी रहती हैं, उन आयामों में एक आयाम वह भी है। इन कविताओं को जीवन की पूर्णता की कविताएँ कहा जाएगा। यदि इनमें राजनीति का स्पर्श न होता तो कदाचित् पूर्णता में कमी आ जाती।

"राम की चिन्ता मूल्य चिन्ता है"–"अन्याय जिधर है, है उधर शक्ति", "रावण, अधर्मरत भी, अपना, मैं हुआ अपर।" परम्परा से भी माना गया है कि राम न्याय के प्रतीक हैं और रावण अन्याय का। इस कविता को न्याय-अन्याय के युद्ध के दो प्रतीक बाँधे हुए हैं–अन्धकार और प्रकाश। शक्ति पूजा में इन्हीं दोनों प्रतीकों का युद्ध है। आरम्भ में ही इनका उल्लेख कर दिया गया है–"रवि हुआ अस्त ज्योति के पत्र पर लिखा रह गया राम-रावण का अपराजेय समर।" पहले बन्द के अन्त में एक ओर 'नैशांधकार' है तो दूसरी ओर 'चमकती दूर ताराएँ'। तीसरे बन्द में 'अमानिशा' और 'मशाल' का द्वन्द्व है। इसी बन्द में 'अन्धकार घन' सामने विद्युत की कौंध को रख दिया गया है। ये प्रतीक होने के साथ बिम्ब भी हैं। इनसे युद्ध की भयंकरता के साथ पराजय की धुन्ध में विजय की हल्की किरण भी दिखाई पड़ जाती है। विद्युत क्षण भर के लिए कौंधकर फिर 'अन्धकार घन' में विलीन हो जाती है। आगे चलकर वह अपने प्रतीकों को स्पष्ट अर्थ दे देता है–

"रावण महिमा श्यामा-विभावरी-अन्धकार
यह रुद्र राम-पूजन-प्रताप तेजः प्रसार।"

विभावरी में तारों की जगमगाहट होती है किन्तु अन्धकार में कहीं से भी प्रकाश नहीं होता।

अन्ततोगत्वा 'निशि हुई विगत' और 'फूटी रघुनन्दन के दृग महिमा-ज्योति-हिरण' प्रातःकालीन किरणें स्वर्णमयी हो गई हैं। दुर्गा का ज्योतिर्मय रूप राम में समाहित हो जाता है। ज्योति की अन्धकार पर, न्याय की अन्याय पर विजय होती है। किन्तु इस महाकाव्यात्मक कविता का मर्म प्रतीकों, बिम्बों, ध्वनियों, विरोधाभासों, लयों आदि से पकड़ में नहीं आता। इसकी पूर्णता जीवन के अनेकानेक गम्भीर पर्तों को संकेतित करती है। इसका राजनीतिक पक्ष भी एक शाश्वतता लिये हुए है।

तुलसीदास

तुलसीदास मध्यकाल के सर्वाधिक महत्त्वपूर्ण भक्त कवि थे। यह ऐतिहासिक सचाई है। रत्नावली का प्रसंग लोक से गृहीत है। इनके आधार पर निराला ने अपनी सम्पूर्ण कविता को मिथकीय बना दिया है। शक्तिपूजा की तरह सांस्कृतिक टकराहट, राजनीतिक भयग्रस्तता, ऊर्ध्वगमन, दिव्यशक्ति आदि इसमें भी है। विलियम बटलर एट्स को उन्होंने इसे एक सीमा तक निजी मिथक बना दिया है। स्मरण रखना चाहिए कि निराला की वैयक्तिकता में निर्वैयक्तिकता लगी रहती है। यह उनकी कविता की सर्वव्यापी विशेषता है।

इस कविता में मूलतः सांस्कृतिक समस्या की ही अभिव्यक्ति हुई है, जो राजनीतिक समस्या से अभिन्न है। 'शक्तिपूजा' में कविता का आरम्भ 'रवि हुआ अस्त' से होता है और 'तुलसीदास' का आरम्भ अस्तमित सूर्य से ही होता है—

भारत के नभ का प्रभापूर्य
शीतलच्छाय सांस्कृतिक सूर्य
अस्तमित आज रे—तमस्तूर्य दिङ्मण्डल।

तुलसीदास के समय में इस्लामी संस्कृति पूर्णतः भारतीय संस्कृति का अंग नहीं बन सकी थी। अतः उनमें संघर्ष चल रहा था। तुलसी इस देश की बुनियादी संस्कृति को पुनर्जीवित करना चाहते थे। इस्लामी संस्कृति को उन्होंने 'अन्धकार' कहा है। राम की शक्तिपूजा में इसी अन्धकार से लड़ रहे थे।

भारतीय संस्कृति एक बीता उत्सव है जिसके म्लान चित्र और श्लथ छाया

दिखाई पड़ते हैं। बीता उत्सव का बिम्ब भारतीय संस्कृति के अतीत और वर्तमान का चाक्षुष-मानसिक दृश्य प्रस्तुत कर देता है। चित्रकूट में तुलसी का मन ऊर्ध्वगमन करता है। वहाँ भी उसे 'राहुग्रस्त आभा रवि की' दिखाई पड़ती है। वह सोचता है–

करना होगा यह तिमिर पार
देखना सत्य का मिहिर द्वार

अन्ततोगत्वा रात बीत जाती है–

जागो, जागो आया प्रभात,
बीती वह, बीती अन्ध रात,

'राम की शक्तिपूजा' में कहा गया है–निशि हुई विगत कविता का समापन प्रकाश में होता है–

प्राची दिगन्त उर में पुष्कल रविरेखा।

सम्बोधन

किन्हीं अर्थों में भक्त कवियों में जो स्थान कबीर का है छायावादी कवियों में वही स्थान निराला का है। कबीर की तरह ही फक्कड़, क्रान्तिकारी और मूर्तिभंजक। कबीर की क्रान्तिकारिता बहुत कुछ उनके पदों के सम्बोधनों में है। वे साधुओं, पण्डितों, मुल्लाओं को सम्बोधित कर उन्हें लताड़ते हैं, उनकी मूर्तियाँ तोड़ते हैं। निराला के सम्बोधन दूसरे ढंग के हैं। वे क्रान्तिकारी तत्त्वों को गहरे बदलाव के लिए सम्बोधित करते हैं। पाठक कबीर का भी साथ देता है और निराला का भी। साझेदार वर्ग उपेक्षित और शोषित वर्ग ही है।

एक कविता है–'आवाहन'। उसकी पहली पंक्ति है–'एक बार बस और नाच तू श्यामा'। उनकी रचनाओं में बार-बार कालिका को याद किया गया है। उनके राम ही शक्ति के उपासक नहीं थे, वे स्वयं भी थे। यहाँ पर श्यामा या कालिका का सम्बोधन उसे प्रलयंकर नृत्य करने की प्रार्थना करता है। इसमें असुरों की मुण्डमाला मिलेगी। दूसरे बन्द में 'भैरवी' को सम्बोधित करता है। श्यामा और भैरवी में अर्थ-भेद है। श्यामा अम्बिका का सामान्य नाम है लेकिन 'भैरवी' अम्बिका के एक विशेष क्रियात्मक रूप से जुड़ा है, जिसे कापालिका कहते हैं। इसके बाद खड्ग-खप्पर आदि को लेकर रूपक बाँधा गया है। 'सन्तप्त' गीत में वह सन्ताप

को सम्बोधित करता है–'ओ मेरे! बन्धन-उन्मोचन'। बन्धन-उन्मोचन उनका ही नहीं समाज का भी है।

'बादल राग' क्रान्तिकारी सम्बोधनों से भरा पड़ा है। ये केवल सूचक ही नहीं है, बल्कि प्रसन्नता, हर्ष, आनन्द आदि की सृजनात्मक क्रियात्मकता भी है। इनका प्रसार व्यक्ति, वर्ग, समाज और प्रकृति में सर्वत्र दिखाई पड़ता है। वह 'राग अमर!', 'अरे वर्ष के हर्ष!' है। दोनों सम्बोधनों के मूल में पैठने पर दोनों में अद्भुत सामंजस्य दिखाई देता है। वह वर्ष का हर्ष यानी कालिक है और 'राग-अमर' शाश्वत है। पहले खण्ड के द्वितीय बन्द में 'राग-अमर' को पुनः दुहरा दिया गया है। वर्ष के हर्ष का चित्र उपस्थित करने के लिए ध्वन्यात्मक बिम्बावलियाँ प्रस्तुत की गई हैं–

धँसता दलदल
हँसता है नद खल खल
बहता कहता कलकल कल-कल।

दूसरे खण्ड के सम्बोधन विप्लववादी हैं–'ऐ निर्बन्ध!', 'ऐ स्वच्छन्द!', 'ऐ उद्दाम!', 'ऐ विप्लव के प्लावन्!' 'ऐ सम्राट्', 'ऐ अटूट पर टूट-छूट पड़नेवाले उन्माद!', 'ऐ प्रचण्ड!', 'ऐ न व्यथा पानेवाले!' इन सम्बोधनों के आगे सम्बोधन वाचक चिह्न तो हैं ही इनके पीछे 'ऐ' भी लगा हुआ है। इससे सम्बोधन की सघनता बढ़ जाती है। स्वच्छन्दता छायावादी कविता का प्राणतत्त्व है। आगे चलकर इसी को 'व्यक्ति-स्वातन्त्र्य' भी कहा गया है। लेकिन इस स्वच्छन्दता और उद्दामता में 'अपार कामनाएँ' बसी हुई हैं। यही नहीं वह कहता है–

'भय के मायामय आँगन पर
गरजो हे विप्लव के नव जलधर'

यह विप्लववादी बादल भी कितना रचनात्मक है। इस बन्द की सम्पूर्ण संरचना मुख्यतः सम्बोधनों की गत्यात्मकता से की गई है।

छठे खण्ड में वह बादल को 'ऐ विप्लव के बादल!' कहकर पुनः सम्बोधित करता है। 'विप्लव' शब्द से कुछ शंकाएँ उठ सकती हैं। 'विप्लव' अव्यवस्था, हंगामा, अराजकता का सूचक है। लेकिन यह विप्लव एक आशा का संचार भी करता है। इससे आशाओं के अंकुर फूटेंगे, नया जीवन खिलेगा। अन्त में विप्लव के बादल को वह 'विप्लव के वीर' कहकर सम्बोधित करता है। 'विप्लव के बादल' से–

हँसते हैं छोटे पौधे लघु भार–
शस्य अपार,
हिल-हिल,
खिल-खिल,
हाथ हिलाते,
तुझे बुलाते,
विप्लव रव से छोटे ही हैं शोभा पाते।

'विप्लव के वीर' को शोषित-पीड़ित किसान बुलाता है। ये सारे सन्दर्भ 'विप्लव' में नया अर्थ भर देते हैं।

कुछ और कविताओं के सन्दर्भ में उनके सम्बोधनों पर विचार करें तो निराला की सचेतता तथा कविता के रूप-विन्यास दोनों का पता चलता है। 'महाराज शिवाजी का पत्र' के सम्बोधनों को लें–"वीर, सरदारों के सरकार!", "जय श्री, जयसिंह", "महाराज!" कविता में शब्दों का बहुत गुणगान किया गया है। पर सन्दर्भ-गर्भित होकर ही शब्द को नया अर्थ मिलता है। पहला सम्बोधन उनकी वंश गरिमा से सम्बद्ध है। दूसरा जयश्री की इच्छा से दक्षिण पर की गई उनकी चढ़ाई से। तीसरा किंचित तिरस्कारात्मक है और चौथा स्वयं उनके महाराजत्व का सूचक है। शिवाजी जयसिंह की सहायता से मुगलों को जीतकर सब कुछ जयसिंह को समर्पित कर देना चाहते हैं यही उनका महाराजत्व होगा।

'कुकुरमुत्ता' का एक ग्राम्य सम्बोधन है–"अबे, सुन बे, गुलाब!" गुलाब पूँजीवादी वर्ग का प्रतीक है और कुकुरमुत्ता सर्वहारा वर्ग का, रामविलास शर्मा के मतानुसार 'लुंपेन सर्वहारा' वर्ग का। पर पूँजीवादी वर्ग के प्रति उसकी घृणा, सही घृणा है, इसलिए यह सम्बोधन प्रीतिकर लगता है। इसकी परिणति दूर तक फैलकर एक पूरे बन्द को रचती है–

खून चूसा खाट का तूने एशिष्ट
डाल पर इतरा रहा है कैपिटलिस्ट।

. . . .

वरना क्या तेरी हस्ती है, सोच तू
कली जो चिटकी अभी
सूखकर काँटा हुई होती कभी
रोज पड़ता रहा पानी
तू हरामी खानदानी

बिम्ब

बिम्ब काव्य का नया प्रतिमान है। इसकी चर्चा संस्कृत काव्यशास्त्र में नहीं है। इस शब्द का प्रयोग सबसे पहले आचार्य शुक्ल ने किया है–"काव्य में अर्थ-ग्रहण मात्र से काम नहीं चलता, बिम्ब-ग्रहण अपेक्षित होता है। यह बिम्ब ग्रहण निर्दिष्ट, गोचर और मूर्त विषय का ही हो सकता है।"[2] यदि बिम्ब की कोई परिभाषा बनानी हो तो उसे यों प्रस्तुत किया जा सकता है–"किसी भाव, विचार, वस्तु, घटना आदि का ऐन्द्रिय संवेद्य होना अनिवार्य है, क्योंकि इसके अभाव में उसका रचनात्मक होना सम्भव नहीं है। काव्य-बिम्बों में रूप, रस, गन्ध, स्पर्श और स्वाद के बिम्ब समाहित हैं।"[3] निराला की कविता में सभी तरह के बिम्ब पाए जाते हैं। पर ध्यान रखना चाहिए कि बिम्ब अपनी ऐन्द्रिय संवेद्यता और सम्मूर्तता के बावजूद दूसरे बिम्बों से मिलकर कविता को सन्दर्भित करते हैं और स्वयं सन्दर्भों से प्रभावित होते हैं। इस तरह कविता एक समग्र बिम्ब में सम्मूर्तित हो उठती है। निराला की राजनीतिक सन्दर्भों से मुक्त कविताओं में इसका विशेष ध्यान रखना चाहिए।

'राम की शक्तिपूजा' के कुछ बिम्बों को लें–'विच्छुरित-वह्नि', राजीव-नयन', 'विहाग-बद्ध कोदण्ड-मुष्टि-खर रुधिर-स्राव', 'श्लथ धनुगुण है कटिबन्ध स्रस्त-तूणीर-धरण'। ये चाक्षुष बिम्ब होने के साथ-साथ श्रुति या ध्वनि-बिम्ब भी हैं। इन बिम्बों से पूरे युद्ध में राम की मनःस्थिति का पता लगता है। पर इन बिम्बों को अन्य बिम्बों के साथ मिलाकर देखने में जय-पराजय का द्वन्द्व और अन्ततोगत्वा विजय का समग्र बिम्ब मिलता है। कुछ पंक्तियाँ और देखिए–

ऐसे क्षण अन्धकार घन में जैसे विद्युत,
जागी पृथ्वी-तनया कुमारिका छवि, अच्युत,
देखते हुए निष्पलक, याद आया उपवन
विदेह का, प्रथम स्नेह का लतान्तराल मिलन,
नयनों का नयनों से प्रिय गोपन सम्भाषण–
पलकों पर नव पलकों का प्रथमोत्थान पवन
काँपते हुए किसलय, झरते पराग समुदय–
गाते खग जीवन परिचय, तरु मलय-वलय।

इस पर केदारनाथ सिंह की टिप्पणी है–"यहाँ से वहाँ तक लयबद्ध बिम्बों की एक लम्बी शृंखला है जिसमें शब्दों के त्वरित प्रवाह से दृश्य-चित्रों को और तीव्र कर दिया गया है। राम की तत्कालीन मनःस्थिति को व्यक्त करने के लिए

बिम्बों में एक क्षिप्रता और ऐन्द्रिय आवेग-सा भर दिया गया है। प्रत्येक बिम्ब पूरी पृष्ठभूमि और संघटन के भीतर ही अपना अर्थ रखता है। अन्धकार, विद्युत, उपवन, किसलय, पराग, खग, तरु, मलय-वलय आदि बहुत से ऐसे बिम्ब हैं जो किसी अन्य प्रसंग में प्रतीक हो सकते थे। पर यहाँ उनका घनिष्ठ सम्बन्ध प्रस्तुत प्रसंग से है किसी अदृश्य संकेत या व्यंग्य से नहीं।"[4]

सच पूछिए तो 'राम की शक्तिपूजा' सघन रूप से गुँथे हुए बिम्बों की संश्लिष्ट रचना है जिसकी परिणति अन्याय के विरुद्ध न्याय की विजय में होती है।

इसी प्रकार अर्थ-गर्भित बिम्ब संश्लिष्टता 'तोड़ती पत्थर' में भी देखी जा सकती है–

"श्याम तन, भर बँधा यौवन,
नव नयन प्रिय, कर्मरतमन,
गुरु हथौड़ा हाथ
करती बार-बार प्रहार
सामने तरुमालिका अट्टालिका प्राकार।"

ये सारे बिम्ब एक निश्चित राजनीतिक दिशा का संकेत करते हैं। यह लघु कविता निराला की अत्यन्त शक्तिशाली राजनीतिक रचना है। इसकी विशेषता इस तथ्य में निहित है कि कहीं से इसका सौन्दर्यशास्त्रीय विधान (एस्थेटिक्स) क्षरित नहीं होता। यदि अत्यधिक गहन मर्मस्पर्शी बिम्ब देखना हो तो वह इसी कविता में मिल जाएगा–देखा मुझे उस दृष्टि से/जो मार खा रोई नहीं। अर्थहीन निम्नवर्ग के जीवन की इससे बढ़कर और 'ट्रेजेडी' क्या होगी?

मानवीय करुणा का एक दूसरा दृश्य 'विधवा' कविता के बिम्बों में प्रस्तुत किया गया है। कविता का आरम्भ होता है–

वह इष्टदेव के मन्दिर की पूजा-सी
वह दीपशिखा-सी शान्त, भाव में लीन
वह क्रूर काल-ताण्डव की स्मृति-रेखा-सी।
वह टूटे तरु की छुटी लता-सी दीन-दलित भारत की विधवा है।

विधवा के दुर्भाग्य, दैन्य और दुःख को जिन बिम्बों द्वारा प्रस्तुत किया है, वह उसकी करुण दशा को ऐन्द्रिय संवेद्य स्तर पर साकार करते हैं। पर यहीं तक इनका प्रभाव सीमित नहीं है बल्कि विधवाओं की दशा को अनदेखा करने से ही कवि

कहता है–"...भारत का उसी से सर गया है।"

कभी-कभी तो एक ही बिम्ब से पूरी कविता उसी तरह बज उठती है जिस तरह वीणा के तारों में सोए हुए राग झंकृत हो उठते हैं। 'तुलसीदास' की अन्तिम पंक्ति है–'प्राची दिगन्त उर में पुष्कल रवि-रेखा।' यह एक चाक्षुष बिम्ब तो है ही, प्रतीक भी है। सारे अन्धकार, सांस्कृतिक पराभव, दैन्य, शून्यता आदि पुष्कल रवि-रेखा से ज्ञान और संस्कृति के नए प्रकाश में बदलकर पाठकों की चेतना को जाग्रत कर देते हैं।

प्रतीक

प्रतीक मूलतः बिम्ब ही होता है। पर निरन्तर प्रयोग में आते-आते वह प्रतीक हो जाता है। 'प्रत्येक बिम्ब अपने प्रभाव में चाहे जितना ऐन्द्रिय और संवेदनात्मक हो पर अन्ततः उसकी परिणति किसी प्रतीकात्मक अर्थ की व्यंजना में ही होती है।'[5] इसका प्रमाण 'पुष्कल रवि-रेखा' में मिल जाता है। प्रतीक अपने से भिन्न अर्थ देता है जैसे समुद्र, चातक, चक्रव्यूह आदि अपने प्रयोग में दूसरे अर्थ की सूचना देते हैं पर अपने मूल अर्थ को पूर्णतः खोकर नहीं। कैसिरा मनुष्य को 'होमोसिंबालिकम्' कहता है यानी मनुष्य प्रतीक-स्रष्टा होता है। कवि के लिए जटिल अर्थाभिव्यक्ति के लिए प्रतीक-सृष्टि आवश्यक है।

प्रतीक तीन प्रकार के होते हैं। प्रथम कोटि परम्परागत प्रतीकों की है जिनका प्रयोग प्रत्येक युग का कवि अपने युग की आवश्यकताओं के अनुसार करता है।[6] निराला ने प्रथम और तृतीय कोटि के प्रतीकों का प्रयोग किया है। वैयक्तिक प्रतीकों का प्रयोग मुक्तिबोध की कविताओं में मिलता है।

पारम्परिक प्रतीकों को निराला ने कई स्थानों से लिखा है–प्रकृति से, भौतिक जगत् से, नृत्य-राग से, पुराणों से, धर्म-दर्शन से। प्राकृतिक प्रतीकों में अन्धकार और प्रकाश का प्रयोग-बाहुल्य उनके जीवन और तत्कालीन सामाजिक-राजनीतिक परिवेश को उजागर करता है। इसका उल्लेख मिथकीय कविताओं की विवेचना में हो चुका है। कहा जा चुका है कि 'राम की शक्तिपूजा' और 'तुलसीदास' जैसी सशक्त रचनाओं में तम-प्रकाश का गहन संघर्ष है। यह बिम्ब सान्दर्भिक भी है और शाश्वत भी। अन्धकार के विरुद्ध अधिकांश कविताओं में किरणों की व्यूह-रचना दिखाई पड़ेगी। इस दृष्टि से देखा जाय तो निराला का समस्त काव्य 'तमसो मा ज्योतिर्गमय' का प्रतीक है।

कहीं 'अरुण-पंख तरुण-किरण/खड़ी खोलती है द्वार।' है, तो कहीं 'रश्मि-चमत्कृत स्वर्णालंकृत नवल प्रभात है।' कहीं 'कलुष-भेद-तम हर प्रकाश

भर/जगमग जग कर दे।' है तो कहीं सोध शिखर पर प्रात मनोहर/कनक-गान तुम अरुण चरण धर है। प्रार्थना में तो संसार को ही ज्योतिर्मय करने के लिए कहा गया है–

जग को ज्योतिर्मय कर दो।
प्रिय कोमल-पद-गामिनि, मन्द उतर
जीवन्मृत तरु-तृण-गुल्मों की पृथ्वी पर
हँस-हँस, निज पथ आलोकित कर,
नूतन जीवन भर दो!
जग को ज्योतिर्मय कर दो![7]

बादल और वर्षा पर निराला ने काफी कविताएँ लिखी हैं। बादल और वर्षा जीवन की उमंग और परिवर्तन के प्रतीक हैं। वर्षा के बाद वसन्त से सम्बद्ध गीत आते हैं, पर वे संख्या में कम हैं। दोनों प्रकार की कविताओं में अन्तर है। वसन्त से सम्बद्ध जो कविताएँ लिखी गई हैं वे श्रृंगारिक हैं और वसन्त का प्रतीक के रूप में प्रयोग नहीं हुआ है। वर्षा किसानों की अपनी ऋतु है, उनके उत्सव और प्रसन्नता की ऋतु। किन्तु बादल को प्रतीक के रूप में प्रयोग किया गया है। 'बादल राग' एक प्रतीक गीत है। बादल विप्लवकारी के रूप में चित्रित है। वह तथाकथित बड़े लोगों के विरुद्ध छोटे लोगों–शोषित वर्गों–का पक्षधर है–"विप्लव रव से छोटे ही हैं शोभा पाते।" विद्युत, समुद्र, पर्वत आदि भी प्रतीक के रूप में लाए गए हैं।

भौतिक जगत् के दो प्रतीक उल्लेख्य हैं–खण्डहर और पत्थर। भग्न इमारत को खण्डहर कहते हैं। पर विभिन्न सन्दर्भों में इसकी व्यंजना वैचारिक सांस्कृतिक या राजनीतिक हो सकती है। सांस्कृतिक पराभव राजनीतिक पराभव का दूसरा नाम है। वह नई भौतिक संस्कृति को 'गरल' कहता है। खण्डहर चेतावनी देता है–"भूले वे मुक्तप्रान, सामगान, सुधापान।" जैमिनी-पतंजलि, व्यास आदि के विचार आज खण्डहर हो गए हैं। 'पुरुष-पुराण' की विरासत से आशीर्वाद माँगता है। 'खण्डहर' प्रतीक कविता की अर्थवत्ता को एक नया तेवर देता है। इसमें अतीतोन्मुखता नहीं है, पर अतीत से बहुत कुछ सीखने की आकांक्षा है।

'तोड़ती पत्थर' में कई प्रतीक हैं–पत्थर, हथौड़ा, तरुमालिका-अट्टालिका। श्रमिक वर्ग को जीवन भर पत्थर ही तोड़ना पड़ता है। 'पत्थर' संवेदना-शून्य पूँजीपतियों का प्रतीक है। इसे तोड़ने के लिए हथौड़ा नहीं 'गुरू-हथौड़ा' चाहिए। सारा प्रहार प्रकारान्तर से 'तरु-मालिका-अट्टालिका' पर हो रहा है। आरम्भ में वह

'तोड़ती पत्थर' तो अन्त में 'मैं तोड़ती पत्थर' है। सर्वनाम 'वह' को 'मैं' में बदलकर तोड़ने की प्रक्रिया को वैयक्तिकता का रंग देकर और तेज कर दिया गया है। नृत्य में उसे ताण्डव प्रिय है। ताण्डव शिव का विध्वंसकारी नृत्य है। शिव के साथ जुड़ने के कारण इसमें शिवत्व का भी समावेश हो गया है। सही रचना का प्रारम्भ विध्वंस के बाद ही होता है। 'धारा' में ताण्डव का रूप है–

प्रकृति को देख, मीचतीं आँखें
त्रस्त खड़ी हैं–थर्राती हैं।[8]

रागों में इमन भी है, मालकोश भी है, मल्हार भी। पर जहाँ क्रान्ति का आह्वान है वहाँ 'भैरव राग' है। इस राग के अतिरिक्त उन्होंने बादल राग, सिन्धु राग का अन्वेषण किया है जो क्रान्तिकारी परिवर्तन के प्रतीक हैं।

पुराणों से ग्रहीत प्रतीकों में देव, असुर, सव्यसाची, गुडाकेश, भारत आदि हैं। निराला की अनेक कविताओं में 'असुर' का अत्यन्त सटीक प्रतीकात्मक प्रयोग हुआ है–

कितने ही हैं असुर, चाहिए कितने तुझको हार?

(आह्वान)

फिर असुरों से होती क्षण-क्षण
स्मृति की पृथ्वी यह, दलित चरण;

(तुलसीदास)

सूना उर ऋषियों का ऊना
सुनता स्वर, हो हर्षित, दूना
असुर भावों से भूना, या निश्चल

(तुलसीदास)

लौटे युगदल। राक्षस पदतल पृथ्वी टलमल,

(राम की शक्तिपूजा)

'महाराज शिवाजी का पत्र' में असुर न आकर राक्षस का प्रयोग किया गया है। 'राम की शक्तिपूजा' की स्थिति भी यही है। एक जगह 'असुर' प्रतीक है, दूसरी जगह 'राक्षस'। श्रेष्ठ कवि अर्थों की गहराई में पैठकर एकमात्र सही शब्द का प्रयोग करता है। असुर और राक्षस में अन्तर होता है। असुर दैवी शक्तियों से अत्यधिक सम्पृक्त रहता है, वह देवताओं का विरोधी है। राक्षस मनुष्य जाति का प्राणी है। असुर भाव और राक्षसत्व प्रवृत्ति है। राक्षस भारतीय संस्कृति के विरोधी होते हैं।

निराला रावणादि और मुगलों को राक्षस कहते हैं। धर्म और दर्शन से वे श्यामा, कालिका, शक्ति, जड़-चेतन आदि को प्रतीक के रूप में लेते हैं। प्रसाद की श्यामा–"श्यामा का नखदान मनोहर मुक्ताओं से ग्रथित रहा"–निराला की श्यामा से भिन्न है। वे श्यामा से प्रलयंकर नृत्य की प्रार्थना करते हैं, कालिका से असुरों का मुण्डमाल बनाने के लिए कहते हैं। जड़ पर चेतन की विजय भारतीय दर्शन की मूल चेतना है। वे कालिका के वाहन सिंह को भी प्रायः याद करते रहते हैं। यह 'राम की शक्तिपूजा', 'तुलसीदास', 'जागो फिर एक बार' और 'महाराज शिवाजी का पत्र' में जहाँ-तहाँ दिखाई देगा।

विसंगत्यात्मक विडम्बना

विसंगत्यात्मक विडम्बना का अभिप्राय यह है कि निराला की विडम्बनाओं के मूल में मुख्यतः विसंगतियाँ ही हैं। यों विसंगति का अपना अलग महत्त्व है। सन् '40 के बाद की निराला की रचनाओं में प्रधानतः दो स्वर सुनाई पड़ते हैं–राजनीतिक विडम्बना और गहन विषाद। मनोवैज्ञानिक दृष्टि से विचार करने पर राजनीतिक विडम्बनाओं को विषाद की प्रतिक्रिया भी कहा जा सकता है:

इसमें शब्दों का कौतुकपरक ऐसा संयोजन होता है जिसमें शब्द और सन्दर्भ में दूरी दिखाई पड़ने लगती है। यह क्रीडापरक भी होता है और गम्भीर भी। लक्ष्मीकान्त वर्मा के अनुसार "शब्दों, बिम्बों और उनके साथ स्थितियों के चयन और संयोजन में 'शरारतपूर्ण सह-संयोजन' होना चाहिए। वे पुनः लिखते हैं, "जब शब्दों के प्रति पूजा का भाव हो, बिम्बों के प्रति मोह हो, स्थितियों को जानने के प्रति तथ्य-दृष्टि न हो और अर्थों के प्रति व्यामोह हो तो इनसे उबरने के लिए कुछ शरारतें करनी चाहिए।"[9]

लक्ष्मीकान्त वर्मा ने विडम्बना को एक संरचना के प्रति दूसरी संरचना की प्रतिक्रिया कहकर उसकी मूल्यवत्ता को गायब कर दिया है। प्रश्न होता है कि विडम्बनात्मक संरचना की कोई मूल्यगत आवश्यकता भी होती है या वह मात्र प्रतिक्रिया है। वास्तविकता तो यह है कि कवि नई रूप-रचना एक मूल्यचेतना के तहत करता है। इसीलिए वह अपनी पूर्ववर्ती अलंकृति और क्लासकीय संरचना को छोड़कर नई भाषा, नए मुहावरे, नए विरोधों को अपनाता है। राजनीतिक, सामाजिक और सांस्कृतिक चेतना के प्रति वह बराबर सजग रहा है, किन्तु परवर्ती काव्य में उसका रुख प्रहारात्मक और रचना विडम्बनात्मक हो जाती है।

यों तो व्यंग्य निराला के रक्त में घुला-मिला है। पूर्ववर्ती कविताओं में जहाँ-तहाँ इसकी झाँकी मिल जाती है जैसे, 'सरोज-स्मृति' और 'वन-बेला' में।

'सरोज-स्मृति' के सम्पादक, विरोधी आलोचक और कान्यकुब्ज कुलांगार को रामविलास शर्मा स्थानीय राक्षस मानते हैं। 'दहेज प्रथा' हमारी संस्कृति में घुन की तरह लग गई है। कोई राजनीति इसका उपचार नहीं कर पाती। दहेज माँगनेवाले कान्यकुब्जों की स्थिति तो देखिए–

वे जो जमुना के-से कछार
पदे, फटे बिवाई के, उधार
खाए के मुख ज्यों, पिए तेल
चमरौधे जूते से सकेल
निकले, जी लेते, घोर गन्ध
उन चरणों को मैं यथा अन्ध
कल घ्राण-प्राण से रहित व्यक्ति
हो पूजूँ, ऐसी नहीं शक्ति।
ऐसे शिव से गिरजा-विवाह
करने की मुझको नहीं चाह।

पदगत बिवाई के लिए जो अतिशयोक्तिमूलक अप्रस्तुत प्रस्तुत किया गया है वह कान्यकुब्ज कुल-कुलांगार को अत्यन्त हास्यास्पद बना देता है। फिर एक मुहावरा 'उधार खाए के मुख ज्यों'। इससे उसकी रूपरेखा और भी स्पष्ट हो जाती है। अन्तिम दो पंक्तियाँ अद्‌भुत ढंग से विसंगत्यात्मक हो उठी हैं। गिरजा को शिव से विवाह करने के लिए तपस्या करनी पड़ी थी। शिव का रूपाकार भी विचित्र था। लेकिन ऐसे शिव से वे कन्या का विवाह नहीं करेंगे। यह विडम्बनात्मक प्रसंग पूरी कविता से जुड़कर त्रासद बन जाता है। आज की परिस्थितियों में सरोज की स्थिति और भी भयावह हो गई है।

परवर्ती कविताओं को लघु-लघु कथाओं पर खड़ा किया गया है। उनकी लय गद्यात्मक है, वाक्य छोटे हैं, समस्त-पद गायब हैं। रचना का यह दूसरा संसार है। पर उनकी ध्वन्यात्मकता विसंगति मूलक है। 'मास्को डायलाग्स' और 'कुकुरमुत्ता' समग्रत: राजनीतिक कविताएँ हैं। इनमें स्वार्थ-न्यस्त समाजवादियों (मार्क्सवादियों) और स्वयं मार्क्सवाद के कुछ सिद्धान्तों पर विसंगत्यात्मक ढंग से प्रहार किया गया है। 'मास्को डायलाग्स' एक ओर हैं और गिडवानी का उपन्यास दूसरी ओर। 'मास्को डायलाग्स' विदेश से मँगाई हुई कृति है, किन्तु गिडवानी के उपन्यास की पहली पंक्ति है–"प्रिय उन सनेहमयी श्यामा मुझे प्रेम है।" 'सोश्यलिस्ट' होने के कारण उपर्युक्त पंक्तियाँ लिखनेवाले लेखक लेखक बनने की आकांक्षा रखते हैं। बंगला

बनवाने की प्रक्रिया उनके समाजवाद के ढोंग को ध्वस्त कर देती है।

'कुकुरमुत्ता' एक विवादास्पद रचना है। 'कुकुरमुत्ता' को रामविलास शर्मा 'लुम्पेन प्रोलिटेरियट' कहते हैं। पर इतना सच है कि मार्क्सवादियों में भी बड़बोलेपन की कमी नहीं है। कुकुरमुत्ता को जिन विसंगत्यात्मक स्थितियों में रखा गया है वे एक यथार्थ का चित्र उपस्थित करती हैं। गुलाब विदेश से मँगाया गया है। नव्वाब ने बाग में बहुत से दूसरे फूलों को भी लगाया था। यह बाग गजनवी का बाग लग रहा था जो बड़प्पन का प्रतीक था। ठीक इसके विपरीत आभिजात्य के विपरीत–

"वहीं गन्दे में उगा देता हुआ बुन्ता
पहाड़ी से उठे–सर ऐंठकर बोला कुकुरमुत्ता"

स्मरण रखना चाहिए कि विदेशी संस्कृति और आभिजात्य का निराला ने जगह–जगह विरोध किया है। गोली और बहार की मैत्री वर्ग–संघर्ष के विरुद्ध पड़ती है। किन्तु अब तो डा. रामविलास शर्मा भी वर्ग सहयोग की बात करने लगे हैं। बाग से बाहर के झोंपड़ों का वर्णन बाग के आभिजात्य के साथ–साथ (जक्सापोज्ड) रख दिया गया है। बीच–बीच में अन्य बातों पर भी व्यंग्य–बाण चलते रहते हैं, जैसे, उसके पीछे दुम हिलाता टेरियर/आधुनिक पायेट/सारे वाद्य यन्त्र बदल गए, नहीं बदली तो खँजड़ी। खँजड़ी देशज है और मध्यकालीन कविता के नवजागरण की ओर संकेत करती है।

'काले–काले बादल छाए', 'थोड़ों के पेटे में बहुतों को आना पड़ा', 'राजे ने अपनी रखवाली की', 'कुत्ता भौंकने लगा', 'छलाँग मारता चला गया', 'डिप्टी साहब आए', 'महँगू महँगा रहा' आदि उनकी शुद्ध राजनीतिक कविताएँ हैं। शुद्ध राजनीतिक कविताओं में राजनीति और कविताई का सन्तुलन बिगड़ जाता है। इनकी स्थिति भी इससे भिन्न नहीं है। निराला की पूर्ववर्ती कविताओं में भी राजनीति है। पर वह कविता का अभिन्न अंग है। भारतीय काव्यशास्त्र की शब्दावली में कहा जाय तो उनमें राजनीति व्यंजित होती है। किन्तु परवर्ती कविताओं में वे अभिधामूलक हो गई हैं–लगभग सपाटबयानी की तरह। ध्यान रखना चाहिए कि निराला बड़े कवि हैं। अत: रचनाओं के अन्त को विडम्बनात्मक बनाकर एक सीमा तक कवित्व की रक्षा का भी प्रयास करते हैं।

जवाहर लाल से सम्बद्ध कई कविताएँ हैं। 'वन बेला' का एक लम्बा अंश जवाहरलाल से सम्बद्ध है। 'काले–काले बादल छाए...' में जवाहर लाल के मसीहाई करिश्मे का पर्दाफाश किया गया है। एक ओर बादल, बिजली की कौंध, पुरवाई,

महँगी की बाढ़ है तो दूसरी ओर न आए वीर जवाहर लाल। सारा व्यंग्य 'न आए वीर जवाहर लाल' में अनुस्यूत है। जवाहर लाल मामूली नहीं हैं–वीर हैं, बहादुर हैं, भाई हैं। अकाल, महँगी, भुखमरी से त्रस्त लोग जवाहर लाल की बाट जोह रहे हैं। हर छन्द के अन्त में 'न आए वीर जवाहर लाल' व्यक्ति पूजा पर भी गहरा व्यंग्य है।

'राजे ने अपनी रखवाली की' में राजा ने किला तो बनाया ही है फौजें भी रखी हैं। किन्तु वे एक ओर फौज का उल्लेख करते हैं जिसमें सामन्त, ब्राह्मण, लेखक, इतिहासकार, नाट्य कलाकार शामिल हैं। धर्म और सभ्यता के नाम पर खून की नदी बही। अन्तिम दो पंक्तियों में जनता पर व्यंग्य है–

> *"आँख कान मूँदकर जनता ने डुबकियाँ लीं।*
> *आँख खुली–राजे ने अपनी रखवाली की।"*

सब कुछ जनता के विरुद्ध होता रहा, लेकिन वह आँख-कान मूँदे रही। यह एक विडम्बनात्मक स्थिति है। जब आँख खुली तो देखा राजा सुरक्षित हो चुका है। इससे स्थिति की विडम्बना और भी गहरी हो जाती है। आँख-कान का समय से खुलना ही महत्त्वपूर्ण है।

'कुत्ता भौंकने लगा', 'झींगुर डटकर बोला', 'छलाँग मारता चला गया', 'डिप्टी साहब आए', 'महँगू महँगा रहा' आदि कविताएँ प्रेमचन्द की याद दिलाती हैं। प्रेमचन्द के कथा-साहित्य में जिस तरह जमींदारों का विरोध किया गया है उसी तरह कविता में निराला ने किया है। प्रेमचन्द का लेखकीय हस्तक्षेप, स्पष्ट विवरण वर्णन उनकी रचनाओं की कमजोरी है। निराला की उपर्युक्त रचनाओं में जहाँ व्यंग्य विधान है वहाँ तो अर्थवत्ता की कसावट और व्यंजना है, लेकिन अधिकांश कविताएँ अपनी सपाटबयानी के कारण कमजोर हो गई हैं। 'कुत्ता भौंकने लगा' में कुत्ता और 'छलाँग मारता चला गया' में मेढक जैसे सामान्य जन्तुओं का सारी परिस्थितियों का प्रतीकात्मक विरोध वर्णनात्मकता की क्षतिपूर्ति करता है पर शेष कविताओं का स्वर वैसा नहीं बन पड़ा है।

सन्दर्भ

1. ओब्लिक पोएट्री
2. रस मीमांसा (प्रथम संस्करण), पृ. 167

3. बच्चन सिंह : आधुनिक हिन्दी आलोचना के बीज शब्द, पृ. 70
4. केदारनाथ सिंह : आधुनिक कविता में बिम्ब-विधान, पृ. 30-31
5. वही, पृ. 28
6. वही, पृ. 28
7. सं. नन्दकिशोर नवल : निराला रचनावली-1, पृ. 185
8. वही, निराला रचनावली
9. बच्चन सिंह : आधुनिक हिन्दी आलोचना के बीज शब्द, पृ. 96

षष्ठ अध्याय

समापन

निराला की एक कविता है जिसमें उन्होंने अपनी रचना-प्रक्रिया का उल्लेख बहुत ही सार्थक ढंग से किया है–

देखता हूँ
खिलते नहीं हैं फूल
वैसे वसन्त में
जैसे तव कल्पना की डालों पर खिलते हैं।

कवि देखता है दूसरे शब्दों में अनुभव करता है कि वसन्त में खिलनेवाले पुष्प कल्पना की डालों पर खिलकर बदल जाते हैं, कुछ दूसरे हो जाते हैं। कल्पना सर्जना का क्रिया विधायक उपकरण है। इसके माध्यम से कवि जीवन और जगत् में जो कुछ अनुभव करता है उसे कविता में नए सिरे से सर्जित करता है। इसीलिए कहा जाता है कविता का अपना एक सापेक्षिक स्वायत्त संसार होता है। सापेक्षिक इसलिए कि बाहरी दुनिया से उसे एकदम काटा नहीं जा सकता।

निराला की राजनीतिक सन्दर्भ से प्रेरित कविताएँ भी कल्पना के आधार पर नया रूपाकार लेती हैं। राजनीतिक कविताओं की प्रेरणा उन्हें बाह्य जगत् से ही मिलती है। किन्तु कवि पहले उसे पूरी तरह स्वायत्त करता है। यह स्वायत्तता ही उसकी अनुभूति के रूप में ढलती है। किन्तु सृजन-प्रक्रिया में अनुभूति भी ज्यों-की-त्यों अभिव्यक्त नहीं होती। उसमें एक रचनात्मक बदलाव आ जाता है। उनकी राजनीतिक कविताओं के अनेक स्रोत हैं–सामाजिक विसंगति, स्वयं का उनका आत्मसंघर्ष, राजनीतिक आन्दोलन, वर्ग भेद आदि-आदि।

यदि सन् '40 ई. को निराला के काव्य-विकास की विभाजन रेखा मानी

जाय तो इसके पहले की कविताओं को पूर्ववर्ती काव्य और इसके बाद की कविताओं को परवर्ती काव्य कहा जा सकता है। पूर्ववर्ती काव्य की राजनीति अपनी रचना-धर्मिता के कारण अधिक सर्जनात्मक और आवेगमयता से पूर्ण और प्रेरणाप्रद है। इस स्तर की रचनात्मकता परवर्ती काव्य में आनेवाले राजनीतिक सन्दर्भों को नहीं मिल पाती। इसके अनेक कारण हो सकते हैं, किन्तु सबसे बड़ा कारण मानसिक विक्षेप है। राजनीतिक कविताओं में विचार और भावों का निष्कम्प दीपशिखा-सा सन्तुलन होना चाहिए। यह सन्तुलन परवर्ती रचनाओं में नहीं पाया जाता, किन्तु परवर्ती रचनाओं में कुछ ऐसे भक्ति और प्रणय के गीत हैं जो पूर्ववर्ती गीतों से उन्नीस न होकर कहीं-कहीं बीस पड़ते हैं, लेकिन जैसा संकेतित किया जा चुका है कि राजनीतिक कविता में विचार भी होता है और उस विचार को अनुभूति के स्तर पर चित्रित करना आवश्यक होता है। परवर्ती काल की राजनीतिक रचनाओं में लगता है कवि! अनुभूति का पल्ला छोड़ देता है। ऐसी स्थिति में उनमें न तो संरचना की अपेक्षित कसावट आ पाती है और न अर्थवत्ता की सघनता फिर भी वे रचनाएँ जो सपाटबयानी से मुक्त हैं और जिसमें व्यंग्यात्मक जटिलताओं का सन्निवेश हुआ है वे रचनाएँ अधिक प्रभावशाली बन पड़ी हैं।

निराला को बंगाली भावुकता या आवेगमयता और हिन्दी भाषाभाषी प्रान्त की यथार्थ-परकता दोनों विरासत में मिली थीं। सच पूछिए तो इनके तनावों द्वारा ही उनकी कविता का निर्माण होता है। एक-दूसरे से टकराकर कविताओं के स्थापत्य में अद्‌भुत सन्तुलन आ जाता है। निराला के इस सन्तुलन की अज्ञेय ने भूरिशः प्रशंसा की है। आश्चर्य तो यह है कि गाँधीवादी आन्दोलन के चलते हुए वे उससे अपनी रचना में प्रभावित नहीं होते यद्यपि गाँधीजी के प्रति उनमें अशेष श्रद्धा थी। 'जागो फिर एक बार' और 'बादल राग' लम्बी कविताएँ हैं। इन कविताओं में क्रान्तिकारिता का जो स्वर उभरता है वह निराला का अपना ही नहीं है बल्कि ऐसे देशभक्तों का है जो अपने ढंग से अंग्रेजों के औपनिवेशिक साम्राज्यवाद के विरुद्ध खड्‌गहस्त थे। उन रचनाओं में भारतीय संस्कृति का स्वर तो मुखर है ही, किसान जीवन को भी कलात्मक ढंग से सन्निविष्ट कर लिया गया है। आवेग और ऊर्जा का क्या पूछना! 'वह तोड़ती पत्थर' में स्त्री-क्रमिक का जो करुण और क्रिया विधायक चित्र प्रस्तुत किया गया है उस पर जाने कितने लोग लट्टू हैं। भाषा को इस प्रकार से अपने वश में कर रखना एक वाक्‌सिद्ध कवि की क्षमता का द्योतक है। किन्तु निराला केवल वाक्‌सिद्ध कवि नहीं हैं बल्कि रस सिद्ध भी हैं। किसी कवि की अद्वितीयता इन दोनों की एकान्विति में है। इस एकान्विति का सर्वाधिक उत्कर्ष 'राम की शक्ति पूजा' में मिलेगा, इस रचना में भी राजनीति कम नहीं है। किन्तु वह रचना से कहीं

भी अलग नहीं दिखाई पड़ती।

परवर्ती कविताओं में 'कुकुरमुत्ता', 'महँगू महँगा रहा', 'झींगुर डटकर बोला', 'जल्द-जल्द पैर बढ़ाओ' आदि का उल्लेख राजनीतिक कविताओं के रूप में ही किया जाता है। किन्तु जैसा कहा जा चुका है कि इन्हें सर्जनात्मकता का स्तर नहीं मिल पाया है। अपनी सपाटबयानी के कारण उनमें से राजनीति को अलग से निकाल लिया जा सकता है, किन्तु पूर्ववर्ती राजनीतिक कविताओं में से राजनीति को निचोड़कर अलग नहीं किया जा सकता। लेकिन 'राजे ने अपनी रखवाली की' जैसी रचनाएँ अपने जटिल व्यंग्य विधान के कारण सपाटबयानी से बच जाती हैं और उन्हें रचना का स्तर मिल जाता है। किन्तु ऐसी कविताओं की संख्या कम है।

यों तो छायावाद के सभी कवियों ने नई भाषा का अन्वेषण किया। उसे द्विवेदीयुगीन इतिवृत्तात्मकता से अलग करके नए विषयों और विचारों की अभिव्यक्ति के लिए सक्षम बनाया। किन्तु निराला में भाषा का जो वैविध्य और लयात्मक विभिन्नता मिलती है वह और किसी कवि की भाषा में नहीं दिखाई पड़ती। परवर्ती कवियों ने अपने को निराला से जोड़ने की बात बार-बार उठाई है। इन कवियों को निराला की भाषा ही प्रिय न थी बल्कि उनकी सम्पूर्ण सांस्कृतिक राजनीतिक चेतना भी प्रिय थी। छायावाद के अन्य कवियों में न तो संस्कृति के इतने आयाम मिलेंगे और न राजनीति के। निराला ने प्रायः संस्कृति और राजनीति को एकसूत्रता में पिरोकर काव्य-सौन्दर्य की अभिवृद्धि की है। कोरी राजनीतिक कविताएँ इतिहास का चौखट पार नहीं कर पातीं। लेकिन संस्कृति से जुड़कर वे इतिहास के परे भी पहुँच जाती हैं। वास्तविक राजनीतिक कविताएँ इतिहास को पार कर ही जाती हैं। सच पूछा जाय तो साहित्य मात्र के लिए आवश्यक है कि वह इतिहास से बँधकर भी इतिहास से मुक्त हो जाय। निराला की राजनीतिक कविताओं में कुछ को छोड़कर अधिकांश इतिहास की सीमाओं को पार कर जाती हैं। इसके लिए निराला ने दो प्रकार की भाषा का प्रयोग किया है। संस्कृतनिष्ठ भाषा और बोलचाल की भाषा। परवर्ती कवियों ने निराला की सांस्कृतिक राजनीतिक चेतना से प्रभाव ग्रहण किया, किन्तु भाषा बोल-चाल की थी। प्रयोगवादी कविताओं का राजनीतिक स्वर निराला से प्रभावित प्रतीत होता है। निराला की राजनीतिक कविताओं की काव्यभाषा पर विचार किया जाय तो विषय पर भी ध्यान देना होगा। वे कभी एक मिथक को उठाते हैं तो कभी दूसरे मिथक को। आवश्यकतानुसार वे अलग-अलग छन्दों, लयों और मुहावरों का प्रयोग करते हैं। इसके प्रमाण में 'शक्ति पूजा' और 'तुलसीदास' को उद्धृत किया जा सकता है। पहले ही विस्तार से कहा जा चुका है कि इन दोनों कविताओं में राजनीति और संस्कृति का नीर-क्षीर मिश्रण

हुआ है। इसी तरह विषय भिन्न होने के कारण 'जागो फिर एक बार', 'बादल राग', 'महाराजा शिवाजी का पत्र' आदि की भाषा और अभिव्यक्ति की प्रणाली में अन्तर आ गया है।

ध्यान देने की बात है, निराला अपनी भाषा के माध्यम से अत्यन्त मौलिक वस्तु का निर्माण करते हैं। वास्तविकता तो यह है कि मौलिकता विषयों के चुनाव में नहीं होती, बल्कि वस्तु के निर्माण में होती है। एक ही विषय पर यदि दो कवि रचना करते हैं तो उनकी वस्तुएँ, उनकी योग्यता, कल्पना और प्रतिभा के अनुसार भिन्न हो जाती है। उदाहरण के लिए 'राम की शक्तिपूजा' को लिया जा सकता है। इस मिथक को निराला ने बंगला के 'कृतिवास रामायण' से उठाया है। दोनों के विषय एक हैं, किन्तु निराला की कविता में जो सांस्कृतिक-राजनीतिक तेवर है वह 'कृतिवास रामायण' में कहाँ।

निराला की क्रान्तिकारिता को देखना हो तो उनके द्वारा प्रयुक्त सम्बोधनों में देखा जा सकता है। इस प्रकार के सम्बोधन राजनीति के सन्दर्भों से संयुक्त कविताओं में अधिक मिलेंगे। सम्बोधनों की दृष्टि से कबीर का नाम भी महत्त्वपूर्ण है, किन्तु कबीर के सम्बोधन जहाँ धर्माडम्बरों पर प्रहार करते हैं वहाँ निराला के सम्बोधन उपनिवेशवाद, साम्प्रदायिकता, रंग और जाति भेद, अस्पृश्यता आदि पर। सारे सम्बोधनों में क्रान्तिकारिता की अद्‌भुत ऊर्जा मिलती है।

बिम्बों और प्रतीकों का चुनाव भी एक विशेष दृष्टिकोण से किया गया है। उनके बिम्ब और प्रतीक हैं तो पुराने किन्तु उनमें नया अर्थ भर दिया गया है। वस्तुतः कविता के एक नए मोड़ पर शब्दों में नया अर्थ भरना अनिवार्य हो जाता है। इससे कवि को अपना अभिप्रेत सम्प्रेषित करने में सुविधा होती है। सच पूछिए तो बड़ा कवि शब्दों में नया अर्थ भरकर काव्य की अर्थवत्ता को ताजा, प्रासंगिक और प्रभावोत्पादक बनाता है। यदि निराला का केन्द्रीय बिम्ब ढूँढ़ा जाय तो सम्भवतः वह 'अरुण पंख तरुण किरण' होगा। जगह-जगह वे अन्धकार के समकक्ष इसी बिम्ब को ले आते हैं। 'तुलसीदास' का तो समापन ही इसी से होता है–'पुष्कल रवि रेखा'। सौन्दर्य का वर्णन करते समय भी वे पारम्परिक अप्रस्तुत चन्द्रमा को प्रायः नहीं लेते। उसके स्थान पर 'रवि' ही होता है–'बादलों ने घिर ऊपर दिनकर रहे।' इस प्रकार के बिम्ब उनके प्रौढ़तर कविताओं में भरे पड़े हैं। इसके अतिरिक्त वे ऐसे बिम्बों की स्थापना भी करते हैं जो सामाजिक बदलाव से जुड़े हुए हैं। 'बादल राग', 'जागो फिर एक बार', 'तोड़ती पत्थर' आदि में उन्हें देखा जा सकता है।

राजनीतिक कविताओं में बिम्बों की अपेक्षा प्रतीकों की संख्या अधिक

मिलेगी। बिम्ब की अपेक्षा प्रतीकों का अर्थानुषंग अधिक व्यापक होता है। प्रतीकों का चुनाव उन्होंने जीवन-जगत् के साथ-साथ मिथकों से भी लिया है। उदाहरणार्थ–'श्यामा' एक ऐसा ही प्रतीक है। 'धारा', 'मेघ', 'माना', 'खण्डहर', 'बादल', 'पत्थर', 'मास्को डायलाग्स', 'कुकुरमुत्ता' आदि प्रतीकों के द्वारा कविता की बुनियादी बुनावट को सुरक्षित रखते हुए राजनीतिक दिशा का भी संकेत करते हैं, केवल संकेत करते हैं, निर्देश नहीं।

निराला का समग्र अनुशीलन हमें इस निष्कर्ष पर पहुँचाता है कि वे सही मायने में एक क्रान्तिकारी कवि हैं। उनकी क्रान्ति दोहरी है। काव्य-परम्परा सम्बन्धी क्रान्ति और सामाजिक व्यवस्था सम्बन्धी क्रान्ति। दोनों क्रान्तियों में एक जबरदस्त बदलाव की आकांक्षा दिखाई पड़ती है। कविता में उन्होंने भाषा और छन्द सम्बन्धी जिस बदलाव का श्रीगणेश किया वह मूलतः तत्कालीन इतिहास से अनुप्रेरित था। निराला की विशेषता यह रही है कि वे कुछ कविताओं को छोड़कर अधिकांश में सर्जना के स्तर से स्खलित नहीं होते, इसीलिए उनका राजनीतिक तेवर भी अराजकतावादी न होकर रचनात्मक बन जाता है। अज्ञेय के शब्दों में सचमुच वे 'आधुनिक हिन्दी साहित्य के शलाका पुरुष' हैं।

ग्रन्थ-सूची

आधार ग्रन्थ

लेखक	पुस्तक का नाम	प्रकाशन
सं. नन्दकिशोर नवल	निराला रचनावली 1-8 तक	राजकमल प्रकाशन प्रथम सं.

आलोचनात्मक ग्रन्थ

लेखक	पुस्तक का नाम	प्रकाशन
अयोध्या सिंह	भारत का मुक्तिसंग्राम	मैकमिलन इण्डिया लिमिटेड द्वितीय संस्करण, 1982
श्रीमदाभिनवगुप्तविरचित हिन्दी व्याख्याकार जगन्नाथ पाठक	ध्वन्यालोक	चौखम्बा विद्याभवन, वाराणसी, चतुर्थ संस्करण, 1987
आनन्दवर्धन	ध्वन्यालोक	विश्वविद्यालय प्रकाशन, 1983
अज्ञेय	सर्जना और सन्दर्भ	नेशनल पब्लिशिंग हाउस, प्रथम संस्करण, 1985
केदारनाथ सिंह	आधुनिक कविता में बिम्ब विधान	भारतीय ज्ञानपीठ, प्रथम संस्करण, 1971
के. दामोदरन	भारतीय चिन्तन परम्परा	पीपुल्स पब्लिशिंग हाउस
गजानन माधव मुक्तिबोध	नए साहित्य का सौन्दर्य शास्त्र	राधाकृष्ण प्रकाशन, 1971
जैनेन्द्र	परख	पूर्वोदय प्रकाशन, दिल्ली, 1975
दूधनाथ सिंह	निराला : आत्महन्ता आस्था	नीलाभ प्रकाशन, प्रथम संस्करण, 1972

नन्ददुलारे वाजपेयी	कवि निराला	वाणी वितान प्रकाशन, प्रथम संस्करण, 1965
नाट्य शास्त्र प्रथम		119 गायकवाड़ सीरीज
नामवर सिंह	वाद-विवाद संवाद	राजकमल प्रकाशन, प्रथम संस्करण
बच्चन सिंह	आधुनिक हिन्दी आलोचना के बीज शब्द	राधाकृष्ण प्रकाशन, प्रथम संस्करण, 1983
बच्चन सिंह	क्रान्तिकारी कवि निराला	नन्दकिशोर एण्ड सन्स तृतीय संस्करण
मैनेजर पाण्डेय	साहित्य में समाज-शास्त्र की भूमिका	हरियाणा साहित्य अकादेमी प्रथम संस्करण, 1989
मैनेजर पाण्डेय	साहित्य और इतिहास दृष्टि	पीपुल्स लिटरेसी, प्रथम संस्करण, 1981
महादेवी वर्मा	शृंखला की कड़ियाँ	प्रथम संस्करण
रमेश चन्द्र मेहरा	निराला का परवर्ती काव्य	अनुसन्धान प्रकाशन, कानपुर, 1963
रघुवीर सहाय	यथार्थ यथास्थिति नहीं	वाणी प्रकाशन, प्रथम संस्करण, 1984
रामचन्द्र शुक्ल	हिन्दी साहित्य का इतिहास	नागरी प्रचारिणी सभा, नौवाँ संस्करण
रामविलास शर्मा	भाषा और समाज	पीपुल्स पब्लिशिंग हाउस, प्रथम संस्करण, 1961
रामविलास शर्मा	आस्था और सौन्दर्य	राजकमल प्रकाशन
रामविलास शर्मा	भारत में अंग्रेजी राज और मार्क्सवाद, खण्ड-2	राजकमल प्रकाशन, प्रथम संस्करण, 1982
रामविलास शर्मा	निराला की साहित्य साधना-1	राजकमल प्रकाशन, द्वितीय संस्करण, 1978
रामविलास शर्मा	निराला की साहित्य साधना-2	राजकमल प्रकाशन, द्वितीय संस्करण, 1981
रामविलास शर्मा	निराला की साहित्य साधना-3	राजकमल प्रकाशन, तृतीय संस्करण, 1978
विपिन चन्द्र	स्वतन्त्रता संग्राम	नेशनल बुक ट्रस्ट, इण्डिया, तृतीय संस्करण, 1971
विश्वनाथ प्रसाद मिश्र	रस-मीमांसा	काशी नागरी प्रचारिणी सभा, प्रथम संस्करण
विजयदेव नारायण साही	जायसी	प्रथम संस्करण

वी.एस. नरवणे	आधुनिक भारतीय चिन्तन	राजकमल प्रकाशन, प्रथम संस्करण, 1966
सुमित्रानन्दन पन्त	पल्लव	राजकमल प्रकाशन, नौवाँ संस्करण, 1988
सुमित्रानन्दन पन्त	चिदम्बरा	राजकमल प्रकाशन, 1958
एडोर्नो	थ्योरी ऑफ एस्थेटिक्स	रूटलेज एण्ड केगनपाल, लन्दन
फ्रेडरिक जेम्सन	द आइडियालॉजीज ऑफ थियरी एसेज, वाल्यूम-2	प्रथम संस्करण
एफ.आर. लेविस	रीवेलुएशन	पेंग्विन बुक्स, 1983
होमोहोमियो 'मिलान कुंदेरा' 'दी जोक'	कांटेम्परोरी लिटरेचर 31-3	फ्रांसेस एल. रेस्टूकिसया
क्लींथ ब्रुक्स	द वेल रॉट अर्न	यूनिवर्सिटी पेपर बैक, 1968
क्लींथ ब्रुक्स	मॉडर्न पोएट्री एण्ड द ट्रेडीशन	द यूनिवर्सिटी ऑफ द नॉर्थ, कैरोलिना प्रेस, 1967
आर.एस. पाठक	ओब्लिक पोएट्री	बाहरी पब्लिकेशन, प्रथम संस्करण, 1988
टेरी एगिल्टन	रेमण्ड विलियम्स दी एसेंशियल फ्रेंकफर्ट स्कूल रीडर	यूरिजन बुक्स, न्यूयार्क 1978

पत्रिका

आलोचना अंक 86, 93

●●●